L'ARC
DES CHAMPS DE BATAILLES AUX JEUX OLYMPIQUES.

Texte intégral déposé :

Tous droits réservés.

Le code de la propriété intellectuelle n'autorisant pas, aux termes des paragraphes 2 et 3 de l'article L. 122,5, d'une part, que les copies ou reproductions strictement réservées à l'usage privé du copiste et non destinées à une utilisation collective » et, d'autre part, sous réserve du nom de l'auteur et de la source, que les « analyses et les courtes citations justifiées par le caractère critique, polémique, pédagogique, scientifiques ou d'information », toute représentation ou reproduction intégrale ou partielle, faite sans le consentement de l'auteur ou de ses ayants droit ou ayants cause, est illicite (article L.122-4). Cette représentation ou reproduction, par quelques procédés que ce soit, constituerait donc une contrefaçon sanctionnée par les articles L. 335-2 et suivants du code de la propriété intellectuelle.

© Joël Meyniel, 2025
Édition :
BoD · Books on Demand, 31 avenue Saint-Rémy, 57600 Forbach, bod@bod.fr
Impression :
Libri Plureos GmbH, Friedensallee 273, 22763 Hamburg (Allemagne)
ISBN : 978-2-3225-5792-9
Dépôt légal : Mai 2025
PRIX : 15,00 €

L'ARC
DES CHAMPS DE BATAILLES AUX JEUX OLYMPIQUES.

JOËL MEYNIEL

« VULNERANT OMNES, ULTIMA NECAT »

Crédit photos et dessins : l'auteur.

AVANT-PROPOS

Le tir à l'arc, discipline sportive et olympique bien connue de tous, attire beaucoup de monde.
Mais, à l'origine, c'est avant tout une pratique militaire mise en avant par les forces militaires anglaises au Moyen-Âge.
Avec la modernisation des forces armées et l'apparition des armes à feu, l'archerie militaire déclina, puis elle disparut des rangs des armées.
Mais, la pratique allait se poursuivre et se perpétuer jusqu'à nos jours, auprès des civils.
Cette survivance découle de l'heureuse action d'une pratique ancestrale, le tir Beursault, au sein des Compagnies d'arc, qui constitue une manière traditionnelle de pratiquer le tir à l'arc dans un lieu spécifique nommé « jeu d'arc ».
Cette coutume se manifeste essentiellement dans les régions Picardie et Île-de-France, mais elle est

diversement pratiquée au-delà de ces frontières régionales, avec ou sans jeu d'arc.

Comme de nombreux jeux traditionnels, une parenté indéniable avec les pratiques populaires du Moyen-Âge peut être supposée.

Pratiqué sur un terrain spécifique nommé « jeu d'arc », « jardin d'arc », mais aussi « Beursault », qui lui donne son nom, le tir Beursault constitue une discipline régie par des règles d'honneur et de courtoisie. La codification de ces règles a trait à la bienséance tout autant qu'à la sécurité.

Fortement concurrencé par la multiplication des loisirs sportifs, le tir à l'arc traditionnel se trouve parfois marginalisé. Malgré cela, il perpétue des traditions chargées de symbolique.

Le cérémonial observé dans l'enceinte du jeu s'inspire de symboles proches de la liturgie catholique.

Une tradition à laquelle sont initiés les Chevaliers d'arc, qui garantissent le bon fonctionnement des Compagnies d'arc.

C'est par l'action de ces compagnies et à ces chevaliers d'arc que la pratique du tir à l'arc est parvenue jusqu'à nous.

De quoi parle-t-on ?

L'arc constitue une arme dont le nom vient du latin Arcus, qui signifie « éloigner », « repousser ». C'est une arme noble, en tous lieux, d'une arme de combat qui vise à établir l'ordre du monde, d'une arme d'expulsion qui élimine les puissances du mal par l'intermédiaire des flèches, d'un dispositif spirituel qui symbolise le destin, d'une image de l'arc-en-ciel, qui représente la volonté divine.

Au même titre que la roue ou le feu, l'arc compte parmi les inventions majeures de l'humanité.
Dans cette perspective, l'arc révolutionne la vie des hommes, par les progrès qu'il permet d'accomplir dans les techniques de chasse, mais aussi de guerre.
C'est ce qui le classe parmi les outils les plus importants du patrimoine humain.
L'arc existait vraisemblablement il y a 50 000 ans. On a découvert des pointes de flèches datant de cette époque à Bir-El-Ater en Tunisie.
Il est apparu sur tous les continents sauf, en Australie,

où les hommes ont utilisé et gardé l'usage du boomerang et du propulseur (woomera).

Les Égyptiens ont été les premiers à utiliser l'arc à des fins militaires il y a quelque 5 000 ans.

Les Assyriens, ensuite, vers 1800 av. J.-C., furent l'une des plus grandes puissances militaires de l'Asie occidentale, à utiliser cette arme.

Ils auraient, également, introduit le cheval et le char dans l'art de la guerre. Ils fabriquaient des arcs avec différents matériaux : tendon, os ou bois.

Ils ont également donné à l'arc une nouvelle forme, plus courbée, ce qui augmentait sa puissance. L'arc se révélait plus court, l'archer pouvait plus facilement le tenir lorsqu'il montait.

En Chine, l'arc de guerre remonte à la dynastie Shang (1766-1027 av. J.-C.).

À cette époque, les batailles opposaient des chars avec trois hommes à bord : le conducteur, le lanceur et l'archer. Sous la dynastie suivante, celle des Zhou (prononcer Chou) (1027-256 av. J.C), les nobles de la cour participaient à des tournois de tir à l'arc, accompagnés de musique et ponctués d'élégants saluts.

En 1200 av. J.-C., les Hittites (peuple de l'Anatolie centrale) auraient utilisé l'arc sur des chariots rapides et légers qui leur permettaient de terroriser leurs adversaires lors des batailles au Moyen-Orient.

Chez les Romains et les Gallo-Romains, on considère plutôt l'utilisation de l'arc comme une activité physique (753 av. J.-C. — 476 apr. J.-C.)

Toutefois, dans les légions romaines, on trouve quelques archers de guerre, ce ne sont pas des

Romains, mais des mercenaires recrutés sur les plateaux d'Asie Mineure.

Ce sont les Parthes (250 av. J.-C. à 224 apr. J.-C.), un peuple semi-nomade d'origine iranienne installé en Parthie, une région située au nord du plateau iranien et au sud-est de la mer Caspienne qui redonnent à l'arc son importance militaire.

Ils fondèrent un empire qui sous Mithridate s'étendait en Iran et en Babylonie. Leur organisation sociale reposait sur une aristocratie guerrière.

Ils furent les premiers, en Occident, à donner un aperçu des techniques d'une véritable cavalerie d'arc. Lors du règne d'Oröde II, sous les ordres du général en chef Serena, ils affrontèrent les Romains vers 50 av. J.-C., et les écrasèrent avec une armée uniquement composée de cavaliers archers.

La perfection totale de la symbiose entre l'Homme/le Cheval/l'Arc composite se réalisa vers 1200, lorsque les Mongols de Gengis Khan (1167-1227) appliquèrent les principes de frappe et d'esquives exposés dans le meilleur traité sur la guerre, que le Chinois Sun-Tzu avait rédigé en 500 av. J.-C.

Les Mongols maîtrisaient parfaitement les manœuvres de troupes d'archers cavaliers avec des arcs d'une puissance de 70 à 160 livres et d'une portée de 500 mètres, capables de percer une armure à 200 mètres. Eux seuls ont su perfectionner la combinaison Homme/Cheval/Arc, en jouant un rôle décisif dans les batailles, et acquérir une redoutable renommée auprès de leurs adversaires par l'utilisation experte de cette arme, dont ils étaient passés maîtres.

Les Assyriens, et les Mongols vont propager cette

« *voie de l'arc et du cheval* », comme la nomment les Asiatiques.

Cette pratique militaire nous parviendra par l'intermédiaire des Sarrasins.

En effet, les musulmans adoptèrent l'arc des Mongols après leur défaite contre eux à Talas en 751 et leur assimilation par les turco-mongols.

Soldat archer Mongol

Bien que vaincus et repoussés par Charles Martel en 632 à Poitiers, les Arabes utilisent l'arc avec succès lors de leur expansion en Occident à partir de 630. Personne à cette époque ne prend alors la mesure de l'importance stratégique de cette arme, bien qu'on se rende compte de sa terrible efficacité.

On comprendra et adoptera seulement les dispositifs militaires des Arabes sous l'arrivée de Carolus Magnus Augustule, c'est-à-dire Charlemagne.

Par une série de décrets (les Capitulaires), il réglemente les *choses de la guerre*. Il met en place une cavalerie moderne et exige que « les soldats portent une lance, un bouclier, un arc avec deux cordes et douze flèches ».

Mais en 814, sa mort laisse un pays en proie au chaos des successions, ses décrets ne sont plus appliqués et tombent dans l'oubli.

Aux quatorzième et quinzième siècles, avec la guerre de Cent Ans, que l'archerie militaire vivra sa période la plus fastueuse en Europe.

Ceci pour deux raisons :

- L'utilisation stratégique des archers lors des batailles, et
- Les nouvelles méthodes de recrutement des soldats.

Cette période correspond aux expérimentations et aux développements pour l'établissement d'une identité des armées. On peut difficilement retracer la vie de ces soldats archers, les sources manquent et se trouvent en des endroits éparpillés. Personne apparemment à cette époque n'a jugé utile d'écrire un traité d'archerie militaire. Roger Ascham l'a fait pour la première fois en 1544, mais il était un érudit,

pas un militaire.
Ce n'est qu'en 1590 qu'un militaire, un certain John Smythe, écrivit sur l'archerie militaire, en réaction à la suppression officielle de l'arc dans la liste des armes de l'ost anglais.
Pourtant, avec patience et curiosité, on parvient, en cherchant du côté anglais et français, à reconstituer le quotidien des archers soldats pendant la guerre de Cent Ans, appelée par les Anglais « The French War » : « la guerre des Français ».
Les deux osts qui s'affrontent vont faire de l'arc la pièce maîtresse des combats, surtout du côté de l'ost anglais, car toute sa force repose sur l'utilisation de cette arme, rapide et très meurtrière. L'ost anglais compte des archers anglais, et surtout des archers gallois qui utilisent comme arc le redoutable « Long Bow », mais aussi des archers français. Les archers sont beaucoup moins nombreux dans l'ost français, car, en France, les stratèges préfèrent l'arbalète, certes plus puissante, mais malheureusement très lente.

Pendant toute cette période, l'utilisation stratégique de l'arc, fer de lance des osts, marquera les grandes heures de l'histoire militaire de l'Europe. Mais la guerre de Cent Ans signifiera aussi le déclin de l'arc « arme de guerre ».
Au début du seizième siècle, la fin du féodalisme, résultant de la centralisation et de l'accentuation de l'autorité du gouvernement royal, associée aux problèmes de recrutement en nombre de soldats archers, et surtout à l'utilisation de plus en plus importante d'armes à feu ou à poudre, a conduit progressivement et définitivement à la disparition de

l'arc dans les opérations militaires.

Aussi, remontons le temps et retraçons les grandes étapes de l'histoire de cette « arme de guerre », puis une arme de cohésion sociale et devienne une arme de sport.

Un archer en guerre. Chapiteau d'une église romane. XIVe siècle. (Cantal)

LA GUERRE.

MANIFESTATION DE LA CRISE FÉODALE

Les XIIe et XIIIe siècles constituent une période de croissance et d'expansion, alors que les XIVe et XVe siècles sont marqués par une dépression économique.
En effet, les famines, les épidémies, en particulier la peste noire en 1348, la fiscalité, le brigandage, la pauvreté, les désertions de villages, la dépopulation et, surtout, la guerre de 1337 à 1453, appelée « guerre de Cent Ans », ont entravé l'économie pendant plus d'un siècle. La distinction entre l'état de guerre et les combats était nette.
Ce concept moderne de « conflit » n'existait pas.
Au Moyen Âge, la guerre devait être conforme à l'éthique chrétienne, qui prédominait dans ce domaine.
D'une manière générale, l'Église ne reconnaissait comme seuls détenteurs du pouvoir d'engager un conflit armé que les rois et les seigneurs.
Les représentants de rang inférieur doivent s'en remettre au jugement des autorités suprêmes pour résoudre leurs litiges. Ce système judiciaire est connu sous le nom de « justice seigneuriale ».
Deux options sont alors disponibles : la voie de fait et

la voie de droit.

Jusqu'au XIIIe siècle, le droit n'était exercé que grâce aux « guerres privées » déclenchées par les nobles pour venger une injure ou s'emparer des biens d'autrui par la force et le pillage.

Ces « hostilités privées » n'étaient en réalité que des combats, une « procédure de Paix » qui mettait un terme définitif aux différends entre deux seigneurs en les opposant.

Cette forme de guerre privée, empruntée à l'ancienne pratique de la faida (droit de vengeance) des Germains, avait presque disparu à l'époque de Charlemagne. Elle réapparaît au Xe siècle, à la fin du règne du pouvoir central. Les conflits personnels sont soumis à des règles spécifiques. Ils s'étendent à l'ensemble de la lignée des adversaires, jusqu'à un certain degré. Les conflits entre nations n'existent pas. On n'observe que des luttes entre un seigneur et son vassal, des rivalités entre seigneurs ou encore des vengeances entre seigneurs.

En France, on compte une multitude de conflits armés entre particuliers, souvent brutaux. Dès le XIIIe siècle, on entreprend un vaste mouvement pour limiter, puis interdire le droit de guerre qu'avaient les nobles, qui l'avaient exercé pendant des siècles. Les ordonnances de Saint-Louis en 1245 interdisent les « guerres » privées, suivies par une série d'édits répétés au cours des XIVe et XVe siècles.

En Angleterre, seule la guerre du roi est considérée comme justifiée. Les autres conflits armés, comme la guerre des Deux-Roses, sont pratiquement ignorés, même s'ils ont réellement lieu.

En France et en Angleterre, ces « guerres » unissent les membres d'une famille et la vengeance se transforme en vendetta. On engage parfois des tueurs à gages, qui sont souvent d'anciens bannis ou des enfants illégitimes abandonnés.
Les combats impliquent environ 50 personnes, et les femmes y prennent part.
En fait, les rois n'interdisent vraiment les tournois qu'au moment de leur propre guerre. La chevalerie, qui appartient à cette noblesse formée très tôt au combat, ne peut pas se permettre de manquer une occasion d'affronter ses semblables.
Ensuite, vers 1250, les rixes privées deviennent plus rares. L'interdit de Saint-Louis s'ajoute aux limitations imposées par les saisons, on ne se bat pas quand il pleut, par le soleil, on ne s'engage pas dans des combats la nuit et par l'Église, la Paix de Dieu et la Trêve de Dieu.

– La paix divine : principe qui assure la sécurité des personnes non impliquées dans le conflit (pèlerins, femmes, enfants, agriculteurs, commerçants) ainsi que des biens publics (églises, moulins, récoltes, animaux). Il est impératif de les préserver de toute agression, de tout meurtre ou de toute destruction.

– La Trêve de Dieu : interdiction de se battre pendant les périodes de l'Avent, du Carême, **et de** Pâques. On doit également interdire les combats du vendredi au lundi matin, puis à partir de 1200, du mercredi soir au lundi matin.

En d'autres termes, il est désormais interdit pour un chevalier de mener sa propre guerre. Enfreindre ces règles est extrêmement grave et entraîne des sanctions draconiennes de la part des tribunaux religieux, allant jusqu'à l'excommunication.
Aujourd'hui, l'activité principale du chevalier ne consiste plus à combattre, mais à participer à des tournois ou à des croisades lorsque le pape les prêche.
Ces restrictions bénéfiques à la société et à l'économie entraîneront malheureusement un déclin de l'institution militaire.
La « guerre » en tant que telle est une source de revenus pour une noblesse toujours à la recherche de financement.
Les « lois » de la guerre de l'époque le démontrent clairement : on tue peu, mais on rançonne, on pille et on vole beaucoup.
La guerre sert finalement de prétexte pour imposer des taxes.
Pour maximiser les bénéfices, il est crucial de comprendre les raisons pour lesquelles la noblesse s'engage dans des conflits extérieurs.
Les armées royales des premières décennies de la « guerre » de Cent Ans, sous Philippe de Valois (1328-1350), se révèlent largement inefficaces. Elles échouent non pas tant en raison de problèmes administratifs ou financiers, mais plutôt en raison de facteurs liés à la motivation et à la stratégie sur le terrain.
On déplore l'absence de discipline de la chevalerie,

c'est-à-dire le manque de sérieux dans la préparation physique et morale aux combats et de compétence dans l'exécution des actions. Charles V (1364-1380) tenta de remédier à ces lacunes en instaurant une sélection plus rigoureuse des chefs et de leurs troupes, en rémunérant régulièrement des troupes moins nombreuses et mieux entraînées, et en recrutant des gens de trait (archers et arbalétriers) en partie d'origine étrangère.

Malgré ces réformes, les écrasantes défaites initiales de la guerre seront inévitables.

Cependant, dans un contexte économique, idéologique et politique particulièrement complexe, les centaines de compagnies de soldats et de tireurs d'élite qui furent appelés en France, en Italie et en Écosse n'ont pas réussi à vaincre des forces anglaises plus unifiées et mieux structurées, mais légèrement plus nombreuses.

Cette « guerre » de Cent Ans illustre les difficultés rencontrées par la société féodale, mais elle a également contribué activement à sa transformation. Elle redessine les frontières, instaure de nouveaux impôts qui favorisent le renforcement de la machine étatique.

Cette guerre et ses épreuves vont façonner dans l'esprit des peuples le sentiment d'appartenance nationale. Les populations se rassemblent grâce à une histoire commune. Cela s'applique aussi bien aux côtés anglais qu'aux côtés français.

En Angleterre et en France, les besoins en argent et en troupes ont renforcé l'autorité royale, mais ont également entraîné des fractures dans le corps politique, obligeant les gouvernements à consulter toutes les catégories sociales. Cela se manifeste par le développement du Parlement anglais.

Angleterre.

Le Royaume-Uni est une mosaïque diverse. À l'âge de 15 ans, en 1327, un jeune roi nommé Édouard III Plantagenêt monte sur le trône. À son arrivée au pouvoir, l'autorité d'Édouard III ne s'étend pas à l'ensemble des îles britanniques.
L'Écosse a retrouvé son indépendance en 1314, tandis que l'Irlande tend vers la liberté. Par conséquent, son territoire est plutôt restreint, malgré la présence significative des possessions anglaises en France (la Guyenne et le comté de Ponthieu).
En Angleterre, la population descend principalement de groupes germaniques et scandinaves. Au pays de Galles, elle descend des Celtes.
En Écosse, les populations d'origines, de langues et de traditions différentes se regroupent en trois entités : une population « anglophone » des basses terres, une population gaélique des hautes terres, et une population partiellement scandinave des côtes et des îles du nord-ouest.
En termes de politique, l'Angleterre se positionne comme l'État le plus progressiste d'Europe occidentale. Le royaume britannique est unifié et ne reconnaît qu'un seul système juridique : le Common Law. Le concept de « fief » n'a plus d'importance. Tout comme dans le reste de l'Europe médiévale, la terre est la seule source de revenus pour la noblesse.

Toutefois, si le fief existe encore, le Statut Quia Emptores interdit, à partir de 1420, d'en créer d'autres par sous-inféodation, ce qui a entraîné le développement de nouvelles stratégies pour contrôler la terre. En outre, l'aristocratie paie l'impôt et siège au Parlement, ce qui lui confère des droits politiques sans qu'elle usurpe les pouvoirs souverains. Son approbation s'avère nécessaire dans les décisions politiques, et le roi ne peut lever des taxes sans cette autorisation.

Le pays se compare défavorablement à la France. Il possède une agriculture peu développée. Peu de terres ont été défrichées. Dans les vastes plaines du Sussex, du Kent et du Yorkshire, on élève des moutons pour leur laine, principale source de revenus. La laine, principale ressource du pays, est exportée en grande quantité vers les Flandres.
La majorité de la population anglaise vit en milieu rural. Il y a peu de villes importantes, une seule dépasse les 40 000 habitants : Londres. L'Angleterre est un pays pauvre, mais bien géré sur le plan financier. Elle tire des revenus réguliers de la taxation des exportations de laine et de peaux, de la location des entrepôts portuaires et des impôts sur la fortune des nobles. Ses revenus restent stables.
Mais le contribuable britannique se révèle être un fraudeur hors pair. En conséquence, les fonds recueillis ne suffisent jamais au montant attendu.

L'ost anglais.

Les archers peuvent être des soldats au service du roi, des mercenaires ou encore des chefs de guildes dans certaines villes.
Après les grandes batailles, comme Crécy, Poitiers et Azincourt, plusieurs archers anglais deviennent des mercenaires. Ils forment alors des troupes de routiers qui ravagent des régions entières du royaume de France.
Ils ont une réputation de brutalité, d'efficacité et d'épouvante.
Dans la société anglaise, ils incarnent l'image de l'homme libre et déterminé.
Pivot central dans l'élaboration de l'identité britannique.
L'archer devient également une figure légendaire, comme en témoigne la popularité de Robin des Bois.

L'organisation militaire.

Sous le règne d'Édouard 1er, qui a régné de 1272 à 1307, l'Angleterre commence à utiliser davantage les archers lors de ses campagnes militaires. Au XIVe siècle, ils deviennent la base de son armée, surpassant même les chevaliers en termes d'efficacité.
Sous le règne d'Édouard III (1327-1377), une loi rend le tir à l'arc obligatoire pour tous les hommes en âge de servir.

Recrutement dans les shires : chaque comté fournit un contingent d'archers à l'armée royale.
Entraînement au tir sur buttes : chaque dimanche, juste après la messe.

Après le décret pris par Henri III en 1251, qui oblige chaque homme à se procurer un arc et des flèches, Édouard Ier, en 1272, rend obligatoire l'entraînement au tir à l'arc les dimanches et les jours fériés. Il équipe également sa chevalerie d'arcs. Cela lui permet de former une armée modèle et puissante, dont les meilleurs éléments sont les mercenaires gallois.
La jeunesse anglaise s'adonne avec enthousiasme à des exercices physiques. Pour maintenir cet élan, le gouvernement édicta des règles interdisant strictement la pratique d'autres jeux (dés, cartes, etc.) sous peine de sanctions. Édouard III (1327-1377) alla encore plus loin en imposant la pratique du tir à l'arc. Bien que l'arbalète soit populaire en Europe, les Anglais ont obstinément choisi de rester fidèles au tir à l'arc.
Tous les autres monarques anglais respecteront l'ordonnance d'Édouard III jusqu'en 1603, contribuant ainsi au développement de l'archerie militaire en Angleterre.
Le terme Yeomen, signifiant homme de l'if, désigne les archers anglais qui se sont transformés en soldats mobiles, disciplinés et très habiles. Leur dextérité sera célébrée dans tous les pays d'Europe, en particulier en France, où de nombreux archers écossais sont intégrés dans nos armées.
Il est important de souligner que ces personnes

avaient une solide expérience, ayant vaincu en 1314 les troupes anglaises d'Édouard II lors de la bataille de Bannuck Burn.

Les archers ne sont jamais contraints de servir dans les campagnes militaires. Ils sont recrutés volontairement. Sur le sol britannique, la responsabilité des archers consiste à se tenir prêts à parer à toute incursion écossaise, en particulier lorsque leur souverain réside en France. Leur mission se limite donc à la défense du territoire en cas d'invasion.

En 1415, Henri V confie à 200 lances (cf. illustration) et 400 archers au comte de Westmoreland, à Lord Mauley et à Lord Dacre pour la garde et la protection des marches de l'est et de l'ouest de l'Écosse, ainsi que 100 lances et 200 archers pour le nord et le sud du pays de Galles, 150 lances et 300 archers pour Calais, et finalement 150 lances et 300 archers pour la « garde de la mer ». Les châteaux de garnison, les châteaux fortifiés intérieurs et côtiers d'Angleterre, ainsi que ceux situés sur le territoire français, utilisent le même système que les troupes de recrutement des soldats.

Pour atteindre cet objectif, le roi signe des contrats avec sa noblesse, parfois même avec les capitaines des châteaux. Tous les archers anglais qui ne servent pas de noble anglais trouvent autrement à s'employer. Le plus bel exemple est celui des archers qui s'enrôlent dans l'armée bourguignonne de Charles le Téméraire en 1470. La plupart d'entre eux ont été recrutés après les brutales campagnes contre les Français en 1475, lorsque Charles a remarqué leur bravoure au combat.

En Angleterre, il existe deux méthodes de sélection des soldats :

1) Le processus de sélection des recrues, connu sous le nom de « commission of array », consiste à imposer un impôt spécifique pour enrôler principalement des archers et d'autres hommes.

2) La sélection d'un noble, qu'il soit de haut ou de bas rang, se fait par la signature d'un accord mutuel, communément appelé « l'indenture ». Ce document juridique est similaire au contrat vassalique français, car il stipule des obligations réciproques, c'est-à-dire qu'il est synallagmatique (bilatéral).

Pour les deux modes de recrutement, les hommes devaient servir dans divers endroits : le pays de Galles, l'Écosse, la Flandre et la France. Le Parlement, les villes et les comtés se sont plaints du coût croissant des impôts ainsi que de la légalité de certaines clauses du contrat.

Après plusieurs négociations entre souverains et Parlement, il fut finalement décidé que les soldats levés par la Commission of Array ne serviraient que sur le territoire britannique, y compris en Écosse et au Pays de Galles. Par conséquent, l'indenture devait engager tous les soldats des armées anglaises engagées dans des conflits à l'étranger.

hostilités. Ce système, connu sous le nom de « posse comitatus », permettait au sheriff, qui appartenait à l'aristocratie locale, de recruter une armée dans chaque comté. Des lieux de rencontre étaient établis pour effectuer la sélection. Les individus choisis bénéficiaient alors d'une grande considération. Ils recevaient une rémunération du Trésor royal. La renommée des comtés dépendait du nombre d'hommes qu'ils pouvaient fournir et envoyer au combat.

L' « *Indenture* ».

Édouard I a institué ce type de contrat à la fin du XIIe siècle. Il remplaçait, pour la noblesse, l'obligation féodale de servir pendant 40 jours par année dans l'armée du seigneur.
Une forme spécifique de propriété, appelée fief, caractérise la structure féodale traditionnelle. Ce fief sert de fondement aux liens entre les individus. Cependant, les relations entre le seigneur et ses « hommes », les vassaux, évoluent. Bien qu'elles restent marquées par la loyauté, l'affection personnelle et les valeurs aristocratiques de la chevalerie, ces relations deviennent juridiquement contraignantes. Le fief perd de son influence. L'argent a supplanté la terre et les ententes de retenue, qui sont des accords mutuels prévoyant un échange de services en échange du paiement d'une rémunération (le même terme que le fief, qui désigne ici un revenu). Ces conventions ont permis aux seigneurs de développer une « clientèle active » : les

retainers. On parle alors de Bastard Feodalism, c'est-à-dire de féodalité bâtarde.

Ce document se compare à un chirographe, c'est-à-dire qu'il est écrit deux fois, une ligne irrégulière séparant les deux textes. Chaque partie conserve une copie de chaque partie. Il est signé entre un seigneur et son vassal, le « retainer », qui s'engage à le servir.

Au quatorzième siècle, il y avait trois catégories de retenue :

1) Ceux qui résident de façon permanente dans la maison de leur Seigneur (household), maison à laquelle il se trouve régulièrement attaché.

2) Les *indentured retainers* pour le temps de guerre et le temps de paix.

3) Ceux qui ne gagnent que l'insigne (badge) et la livrée du seigneur.

Les deux premières classes sont permises, tandis que la troisième est illégale, car, pendant les moments difficiles, des bandes sans scrupules s'organisent pour agir à leurs propres fins, se cachant derrière un uniforme intimidant.

En pratique, le traité exige qu'un soutien militaire soit fourni en échange d'une rémunération. Ce dernier précise la composition de l'armée, sa mission (objectif), ses modalités ainsi que sa durée.

Quels sont donc les points positifs et négatifs de cette méthode ?

En ce qui concerne l'aristocrate :

Les liens contractuels (ou affinités, terme le plus fréquemment utilisé à l'époque) révèlent la manière dont la société perçoit initialement la retenue : elle se veut une grande famille unie par des liens de solidarité et de familiarité verticaux (entre les membres et le chef) et horizontaux (entre les membres). En réalité, les liens entre les retainers sont plutôt flous : il y en a peut-être eu quelques-uns, mais un grand nombre de mariages entre leurs enfants montrent qu'ils ont utilisé l'affinité pour élargir le marché du mariage. Mais d'autres liens existent qui peuvent, malgré l'arbitrage du Seigneur, les entraîner parfois dans des conflits privés entre eux. L'examen des dernières volontés ne met généralement pas en évidence de liens privilégiés ou de preuves d'un mode de vie communautaire entre la haute société et ses serviteurs.

Du point de vue du *retainer*.

Les retenues constituent un marché sur lequel on doit se placer. Malheureusement, les cinquante à quatre-vingts gentlemen influents qu'on trouve habituellement dans chaque comté ont rarement accès à suffisamment de positions. En réponse à la requête de sir William Stonor pour avoir une place dans son escouade, lord Strange a versé deux livres, ce qui est inférieur au tarif standard, fixé à vingt-six livres et treize pence. Il convient de mentionner que ces coûts varient inversement selon l'échelle sociale. Pour les individus influents, la somme due, également connue sous le nom de « fee », correspond à environ 5 à 10 % de leurs revenus. En revanche, pour ceux dont l'influence est moins marquée, cette somme peut être considérablement plus élevée. C'est particulièrement crucial pour les cadets de familles sans héritage, ainsi que pour les jeunes qui n'ont pas encore reçu leur part d'héritage. Je vais maintenant vous présenter un exemple d'engagement, tiré des innombrables engagements signés par le duc de Lancastre, Jean de Gand, fils d'Édouard III, avec John, quatrième seigneur de Neuville of Raby, daté du 10 décembre 1370.

La rétribution attribuée à Jean de Gand, qui constitue la plus importante jamais accordée, équivaut approximativement à un quart des dépenses globales de la couronne. Il s'agit d'une allocation tant pour les périodes de tranquillité que pour celles de conflit, sous condition de préférence pour le monarque. En échange, Neuville s'engage à ne servir que le prince, hormis le souverain, et doit obtenir l'autorisation royale pour exercer sa fonction en dehors du royaume. De son côté, le duc s'engage à verser une somme forfaitaire de cinquante marks, payable en deux versements distincts, effectués par le receveur ducal.

Lorsque la paix règne, Neuville se tient aux côtés du duc à la cour. Il est accompagné d'un jeune aspirant chevalier, de deux écuyers, de deux chambellans, ainsi que de leurs serviteurs et montures. Le duc prend en charge les salaires et l'équipement de cette équipe. De plus, Neuville bénéficie d'un logement et d'un repas à la cour.

Pendant les hostilités, la ville de Neuville est tenue de

fournir vingt soldats d'infanterie ainsi que vingt cavaliers, en plus d'une contribution additionnelle de cent cinquante livres. Il recevra le remboursement pour ses chevaux disparus et sa part des rançons et des bénéfices de guerre. Si le conflit éclate en France, il doit fournir 50 hommes d'armes et 50 archers.

Au cours de la guerre de Cent Ans, Jean de Gand, avec tous les égards qui lui sont dus, amène en France, en 1369, une armée composée de 500 hommes d'armes, de trois comtes, de trois barons, de 96 chevaliers et de 121 écuyers. Deux ans plus tard, en 1370, il ne ramène que 300 soldats. En 1373, son effectif s'élève à 780 personnes. En moyenne, on dénombre environ 150 hommes household et 170 retainer par indenture. Les membres de la pairie considèrent leur retenue comme un important investissement. En règle générale, les grands seigneurs allouent, en moyenne, 10 % de leurs revenus à leurs retenues. En temps de conflit, les frais liés à une rétention peuvent atteindre jusqu'à 30 % et 40 % des recettes foncières. La retenue colossale de Jean de Gand, qui s'élevait à plus de 4 000 livres par an au XIVe siècle, générait un revenu annuel de 11 000 livres.

En tête de la structure féodale se trouvent le souverain et ses principaux vassaux les plus puissants, qui sont les chefs de l'armée royale. Ils composent l'aristocratie titrée, le peerage, et incluent les comtes, ducs, marquis et vicomtes, connus sous le nom de magnats. Une quinzaine de familles et les barons, qui sont des conseillers du roi, les représentent. Un writ (assignation) est envoyé à chacun d'entre eux, les invitant personnellement à siéger au Parlement à partir du XIIIe siècle. Le monarque ne souhaite pas ignorer l'avis de ses précieux conseillers. Cependant, cette représentation de la noblesse tend à occulter l'aspect crucial, qui est le poids décisif de la richesse. Il faut en effet une fortune considérable pour être élevé au rang de lord. Un fief susceptible de subdivision peut être accordé par le souverain. Celui-ci a alors l'obligation morale de s'engager dans une relation contractuelle avec la classe noble non titrée, connue sous le nom de « gentry ». Cependant, définir précisément cette dernière peut s'avérer complexe. En effet, tous ses représentants cherchent à affirmer leur statut dans la haute société en utilisant des symboles tangibles tels que leurs armoiries. La société anglaise se distingue par sa mobilité et sa souplesse : de nombreux hommes de condition modeste ont pu accéder à la noblesse grâce à leurs services pendant la guerre de Cent Ans.

La gentry est composée de chevaliers, d'écuyers et de gentlemen. Le titre de chevalier représente une marque d'honneur individuelle, mais il est rarement hérité. Au XIIIe siècle, il y avait encore environ 4000 chevaliers en Angleterre. Bien que Henri III ait établi la Distraint of Knighthood, une amende imposée à quiconque possédant la richesse et l'honorabilité nécessaires pour se faire chevalier, leur nombre a diminué à 1 250 en 1310, alors qu'il devrait se situer autour de 3 000 vers 1430 et qu'il ne reste plus que 300 d'entre eux. En revanche, on compte environ 1 000 gentilshommes répondant aux critères de richesse requis. En réalité, la cascade de responsabilités militaires et administratives imposée par le roi et associée à l'honneur de la chevalerie fait reculer les candidats potentiels à la chevalerie. On se contente d'être écuyer ou gentleman. Le nombre de familles qui perçoivent un revenu minimal de 20 livres par an (équivalent à un esquire) diminue de 3 000 à 1 300, puis à 2 300 en 1436. Environ 6 000 familles dont le revenu annuel dépasse les 10 livres, soit le minimum nécessaire pour un gentleman, existent.

Cela donne, par exemple, pour un comté du XVe siècle comme le Warwickshire, dix-huit chevaliers, cinquante-neuf esquires et cinquante-cinq gentlemen.

Les membres de l'aristocratie et de la petite noblesse se côtoient dans les fonctions royales, en particulier dans le domaine militaire. En temps de paix, l'engagement sous contrat devient crucial pour maintenir l'influence des hauts dignitaires auprès de la couronne. Pendant les conflits, ce document juridique sert de fondement à une force militaire redoutable, car il permet de rassembler des troupes en un temps record.

Finalement, on trouve aussi en Angleterre des contrats qui mentionnent le recrutement de criminels en échange d'un effacement de leur peine. Ceux qui acceptent de servir dans l'armée doivent signer une charte : la charte of pardon. Le roi doit signer cette charte, mais il n'accorde le pardon qu'après que le soldat ait correctement accompli sa mission et qu'un ou plusieurs témoins en attestent. Ces ententes sont fréquemment observées au XIVe siècle, et 2 à 12 % des troupes sont composées de criminels engagés.

Au cœur de la guerre de Cent Ans, une autorité militaire a soigneusement élaboré ce système, malgré les risques inhérents de favoriser l'hégémonie des nobles.

À travers les yeux du Maître des Cinq Cordes
Angleterre, 1345.
(Tiré du recueil The String and the Storm)

Le vent souffle sur les collines du Shropshire, entre les dernières haies de l'Angleterre et les marais du pays de Galles. À la lisière du bois sacré, un if centenaire se dresse seul, noueux, immense, les racines tordues comme des serments. C'est là que les jeunes du village viennent tendre leurs cordes et compter leurs tirs.

Chaque dimanche après la messe, la Compagnie de la Butte du Vent, petite confrérie rurale, réunit ses membres pour le tir.

Aucun blason, aucune bannière.

Seulement un pacte ancien, inscrit dans un livre de bois.

Will Scarlet n'a rien du héros de balades. Il est maigre, roux, et toujours deux flèches de retard sur les autres. Son père était tisserand, mort à la levée des hommes pour la guerre d'Écosse. Will n'a que son grand frère Ned et un vieil arc usé qu'il frotte avec de la graisse de truie.

Le maître de la butte, John l'Ifier, l'observe depuis des mois.

— Tu tires comme un chaton affamé. Et pourtant, tu ne rates jamais deux fois le même nœud. Tu apprends.

Will baisse les yeux. Il espère une chose : faire partie un jour de ceux qu'on appelle pour la guerre de France.

— Je peux apprendre plus.

John hoche la tête. Il lui donne un bâton de frêne :

— Façonne-toi une flèche. Si tu la perds, tu la cherches. Si tu la casses, tu la refais. Si elle vole droit, tu auras ta place.

Le shire reeve, officier royal, arrive à cheval au début du printemps.

— Tous les hommes de seize à soixante ans. Chaque bourg doit fournir quinze archers. Le roi Édouard marche vers la France.

À la Butte du Vent, les anciens consultent le vieux livre de bois. On y trouve les noms des meilleurs tireurs du village : Ned, Giles, Thomas le muet. Et Will.

— Il n'a pas l'âge, dit l'un.

— Mais il a l'arc, dit John.

Le soir, autour du feu, on remet à chacun une flèche marquée du crochet royal : symbole qu'ils sont désormais archers du roi.

« *Vous êtes corde de l'Angleterre. Sans vous, le bois se brise.* »

Août 1346. Les collines de Crécy-en-Ponthieu. Il pleut. Les archers ont creusé des pieux dans la boue et tendu leurs arcs sous des toiles de lin. Devant eux,

la chevalerie française se prépare. Trop nombreuse. Trop sûre d'elle.
Will a mal au ventre. Ned lui tend une flasque.
— Ce n'est pas la guerre qui fait peur. C'est le premier cri. Après, ça vole tout seul.
Le capitaine donne l'ordre. Les 6 000 archers décochent la première volée. Puis une autre. Et encore. Les arbalétriers génois reculent. Les cavaliers chargent dans la confusion. Et les flèches pleuvent, sifflantes, fatales.
Will tire jusqu'à ne plus sentir ses doigts. À ses pieds, Ned est tombé, fauché par une charge.
Le soir, les archers anglais chantent dans la boue. Will creuse la terre pour enterrer son frère. Il garde son arc et son silence.
Des années plus tard, à la Butte du Vent, les enfants courent sur la butte. Ils ne connaissent pas encore la guerre, mais ils savent que celui qui veille sur eux, Will aux cinq cordes, est un héros de Crécy. Il ne parle pas souvent. Il n'a jamais demandé plus que du bois, du fil de lin, et du calme.
Chaque dimanche, il aligne les jeunes, comme John l'Ifier le faisait autrefois.
Et sur l'écorce du vieux livre de bois, on peut lire à présent :
« Will, fils de l'Angleterre, flèche droite, silence loyal, regard juste. »

France.
L'archerie militaire française : entre suspicion et adaptation

Contrairement à l'Angleterre, où l'archerie devient une spécialité militaire largement soutenue, l'archerie en France ne jouit pas du même prestige. Cependant, elle existe bel et bien, à la fois dans un cadre civil, chasse, sport, défense urbaine et militaire, guerre de siège, escarmouches, batailles rangées.

- La **chasse et la tradition populaire.**

A) Les campagnards emploient l'arc pour la chasse au gibier léger. Le tir instinctif est de plus en plus populaire : sans viseur, dans une position naturelle, transmis oralement.

B) Certaines communautés rurales organisent des compétitions de tir à l'arc, notamment en Flandre, en Picardie ou en Bourgogne. On y pratique parfois le tir à l'oiseau (un oiseau en bois perché au sommet d'un mât).

- **Les milices citadines et les confréries.**

A) Les villes libres et les bourgs fortifiés créent leurs propres milices. Les citoyens équipent eux-mêmes leurs troupes, principalement d'arcs courts ou d'arbalètes.

B) Les confréries d'archers existent depuis le XIIe siècle, principalement dans le nord du royaume. Elles remplissent une fonction à la fois militaire et récréative.
Ces confréries organisent des entraînements réguliers et des compétitions, parfois avec l'aval de la couronne ou des seigneurs.
Les archers y sont donc moins bien structurés qu'en Angleterre.
Du onzième au treizième siècle, l'arc est utilisé comme arme secondaire sur les champs de bataille.
Il est utilisé pour harceler l'ennemi, défendre les remparts ou soutenir l'assaut.
Les archers français sont souvent des mercenaires bretons, gascons ou navarrais, peu intégrés dans une stratégie nationale.
L'arbalète supplante l'arc au XIIIe siècle.
L'arbalète devient l'arme de tir privilégiée, notamment chez les citadins et les mercenaires.
Elle est plus facile à manier sans grand entraînement. Elle est redoutable lors d'un siège, car elle peut percer les cottes de mailles à courte distance.
Cependant, elle se recharge lentement et est sensible à l'humidité.

• **L'ombre de l'archerie anglaise (XIVe-XVe siècle).**
L'impact dévastateur des archers anglais, en particulier ceux d'origine galloise, est mis en évidence lors des batailles majeures de la guerre de Cent Ans :
— **Crécy** (1346) : une des plus grandes victoires anglaises. Six mille archers anglais repoussent une

armée française trois fois plus nombreuse. Les flèches, lancées depuis des positions élevées, sèment la confusion dans la cavalerie et les arbalétriers génois.

— **Poitiers** (1356) : nouvelle victoire du Prince Noir. Les archers sont positionnés sur les ailes, ils harcèlent les chevaliers français, ce qui permet la capture du roi Jean II.

— **Azincourt** (1415) : Henri V réalise un chef-d'œuvre tactique. Protégés par des piquets et une terre boueuse, les archers déciment les chevaliers français. Pourtant, le rapport de force n'était pas favorable.

L'archerie anglaise excelle particulièrement en défense ou en embuscade.

Les archers français sont souvent peu entraînés, mal utilisés, ou même absents. Ils tirent sans coordination, sans préparation du terrain et sans pièges anti-cavalerie, comme les Anglais.

Le longbow n'est pas populaire en France, car il est difficile à maîtriser sans une formation précoce.

Après les échecs, des tentatives de réforme émergent. Sous les règnes de Charles V puis de Charles VII, des compagnies d'ordonnance (1445) apparaissent. Elles incluent des archers montés, souvent considérés comme des soldats polyvalents plutôt que comme des archers purs, et des archers à cheval. La France recrute également des archers anglais déserteurs ou gallois, qui servent dans des bandes de mercenaires ou des garnisons.

Chaque compagnie est composée de 100 lances, soit 600 hommes, dont certains sont des archers à cheval.

Ces archers se trouvent généralement plus près des cavaliers légers que des archers à pied.

L'émergence des confréries d'archers royales

Le pouvoir royal reconnaît les confréries d'archers, leur accordant des privilèges.

On voit alors fleurir partout dans le royaume des jeux d'arc et des buttes de tir.

Le tir à l'arc devient un sport civique, avec des concours entre villes.

La population de la France au XIVe siècle dépasse celle de la Grande-Bretagne. Elle compte environ seize millions d'habitants, soit cinq fois plus que le royaume d'Angleterre, mais une partie importante de sa population se trouve sous l'autorité du roi d'Angleterre.

De plus, les difficultés de communication dues à l'éloignement des différentes provinces ont fait en sorte que les mœurs sont singulièrement individualisées.

On ne parle pas une langue nationale, mais un dialecte propre à chaque province. La frontière linguistique entre le Nord et le Midi continue de définir deux manières distinctes de vivre. Le monarque exerce son autorité sur son royaume, mais il est aussi le seigneur suprême des autres seigneurs féodaux.

Le royaume de France s'étend à l'est jusqu'à des limites qui suivent approximativement l'Escaut, la Meuse, la Saône et le Rhône. On appelle ces frontières « les quatre rivières ». Cependant, quatre

fiefs indépendants l'entourent : la Bourgogne, la Bretagne, la Flandre et la Guyenne. Les trois derniers présentent des difficultés, car leur économie favorise les échanges avec l'Angleterre plutôt qu'avec le reste du royaume. Le Roussillon et le comté de Catalogne font partie des possessions aragonaises depuis 1258. On ne considère pas encore la chaîne des Pyrénées comme une frontière officielle, et la Navarre déborde vers le côté français. La Provence fait partie de l'Empire germanique, et Avignon est une ville pontificale.
La société antique était composée d'individus, alors que la société médiévale était formée de familles. Le personnage principal est le père. Il doit préserver ce qu'il a reçu en héritage. Cette règle s'applique aussi bien au roi qu'aux simples paysans. Cet état d'esprit permet de mieux comprendre les réactions des prétendants à la couronne.

Le pays s'avère être très prospère, et il est bien géré. En l'an 1328, la France connaît une période de prospérité inédite depuis des décennies. Bien que les finances royales soient encore en difficulté, le commerce est florissant, contribuant à l'expansion de la classe moyenne. En lisant Froissart, on découvre un pays où chaque individu vit heureux dans une paix établie au milieu du XIIIe siècle et dans une prospérité matérielle manifeste.
Cette richesse a émergé d'une économie rurale qui a atteint son apogée. Paris est la plus grande ville d'Europe, avec une population de 200 000 âmes.

L'ost français.
Les chevaliers et les archers.

L'arc, perçu par la noblesse comme une arme « inférieure ».
Dans la tradition chevaleresque française, l'arc est souvent perçu comme une arme de roturier, voire de lâche, car il permet de tuer à distance sans s'engager dans un combat corps à corps.
Dans la société, l'archer français a un statut ambigu : méprisé par la noblesse, mais utile aux villes. Dans certaines villes (Amiens, Abbeville et Rouen, par exemple), les archers jouissent d'une certaine reconnaissance civique. Ils peuvent bénéficier d'une exemption fiscale ou assumer un rôle dans la garde bourgeoise.
Le prestige entoure les chevaliers, les soldats, les lances et les épées.
Cela explique en partie le retard français dans le développement systématique d'unités d'archers entraînés comparativement à l'Angleterre.

Être noble, c'est d'abord pratiquer l'art des armes et servir le roi sur le champ de bataille. Ainsi, la guerre représente l'occupation principale du noble. Le combat sert de remède à l'ennui et est une source de richesse grâce aux butins et aux rançons. Le personnage noble témoigne d'un certain mépris pour la vie et la douleur humaines. Cultiver une tradition héroïque associée au combat est également une manifestation de noblesse : l'entraînement militaire, les combats singuliers, les joutes, les ordres chevaleresques, les croisades. Raconter ses exploits, les confier à un chroniqueur comme Froissart, ou encore les écrire soi-même est à la mode en cette période.

Mourir avec dignité, voilà ce qu'est la véritable noblesse. C'est mourir avec mépris du danger et de la discipline. C'est ce qui a conduit à ces charges imprudentes durant les guerres qui ont entraîné tant de morts inutiles parmi la chevalerie française. Indisciplinés et emportés par la gloire et les exploits individuels, les nobles ont ignoré les règles de la guerre et de la stratégie militaire. Les chevaliers français, qui ne conçoivent la guerre qu'avec la cavalerie, méprisent les autres hommes d'armes : les piétons, les archers et les arbalétriers. Les personnes qui tuent de loin manquent de noblesse, car seul le combat face à face est considéré comme noble et digne.

Au début du XIVe siècle, un système de recrutement féodal presque pur est en vigueur. Contrairement à l'Angleterre, la France s'appuie sur un système féodal traditionnel de vassalité. En effet, la noblesse française ne représente qu'une infime portion de la population, entre 1 et 1,5 % en moyenne. Malgré cela, elle exerce une influence significative dans la société française. Elle fournit la majorité de la classe dirigeante et sert de modèle à imiter pour les autres catégories sociales.

En France, on ne trouve pas de hiérarchie au sein de la noblesse, comme on en trouve en Angleterre avec le peerage et la gentry. L'élite de la France forme une entité. Les seuls contrastes qu'on puisse observer

concernent les disparités de puissance et de richesse. Le noble est d'abord un seigneur, propriétaire d'un ou plusieurs fiefs qui lui procurent la plupart de ses revenus. Il est clair que la féodalité est ancrée dans la société rurale. Les institutions vassaliques ont été établies au XIe siècle : rites, droits et devoirs.
La vassalité est une entente bilatérale entre deux personnes, ne concernant que celles-ci, scellée lors d'une cérémonie au cours de laquelle l'hommage tient lieu d'acte central.
Un seigneur suzerain demande à son vassal :

— Voulez-vous être mon homme ?
Celui-ci répond :
— Oui, je le veux.

Ensuite, les mains du vassal sont prises dans celles du suzerain, qui l'embrassent.
Deuxièmement, la personne qui offre l'hommage s'engage en ces termes :

— Je promets de rester fidèle à mon seigneur et de lui rester loyal envers lui, sans trahison, contre tous et entièrement.

Elle prête ensuite serment sur les reliques des saints. Au terme de la cérémonie, le seigneur suzerain remet un fief à son vassal, le symbolisant par la présentation d'une motte de terre.
C'est l'investiture.
La protection militaire est l'objectif principal du pacte entre les deux parties. Ce service revêt plusieurs formes. Il peut s'agir du service d'ost, pour assurer la sécurité du territoire seigneurial aussi

longtemps que celui-ci est menacé, ou encore du service de chevauchée, qui consiste en une expédition de courte durée, ou encore du service d'escorte et de garde du château seigneurial.

Synallagmatique (bilatéral), le contrat vassalique implique des obligations réciproques, dont celles du seigneur. Il a pour obligation de protéger son loyal sujet des assauts de ses adversaires, de lui offrir un abri et, entre autres, de prendre en charge les besoins matériels de ses serviteurs. En règle générale, la rémunération du vassal se traduit par l'attribution d'une terre en guise de fief.

Les vassaux, qui contractent de plus en plus d'hommages pour assurer des revenus toujours plus importants, relâchent leurs obligations envers le seigneur.

Au XIIe siècle, l'aide militaire, qui avait auparavant fourni la principale puissance militaire à l'Occident, commence à s'affaiblir. En effet, les vassaux ne soutiennent plus cette forme d'aide de manière constante, ce qui oblige à rémunérer des chevaliers sans terre. Toutes les études régionales ont démontré l'existence d'une crise de la seigneurie, ou plus exactement d'une crise des revenus seigneuriaux.

Les causes de la crise sont connues. Elle est principalement due aux conflits entre la noblesse. Elle entraîne sa propre disparition, soit par un décès sur les champs de bataille (Poitiers, Azincourt), soit par un éloignement plus ou moins long (conscription, captivité, etc.), ce qui entraîne la perte des revenus issus de ses domaines. Le salut viendra de l'extérieur pour une partie de l'aristocratie : le service de l'État, sous forme de dons et de pensions annuelles.

Pendant les années 1356 à 1368, des bandes armées autonomes et cohérentes existent sans chef. Elles vivent de la guerre, et souvent de la rapine. Les princes ou le roi s'en servent, mais ne les contrôlent pas vraiment.

Sous Charles V, dit « le Sage » (1364-1380), et surtout après les réformes de Charles VII en 1445, l'ost devient l'armée royale, ou princière, structurée, disciplinée, régulièrement payée et permanente. Son recrutement se veut noble, mais il incarne aussi une promotion sociale. En effet, des bâtards nobles, des déracinés et des déclassés de toutes origines intègrent l'armée du roi.

Un regard en arrière : Bataille de Poitiers, 1356.

Dans la chaleur épaisse de septembre, Jehan sentait la sueur couler le long de sa nuque, glissant sous son camail.
Le sol tremblait.
En face, les archers anglais se mettaient en ligne. Leurs longues flèches noircissaient le ciel comme une nuée de corbeaux.

Les seigneurs français chargeaient.
Les chevaux hennissaient. Jehan, posté sur une légère colline, regardait les Anglais planter des pieux devant leurs lignes, formant une barrière contre la cavalerie.

— Ils savent, murmura Jehan. Ils ont prévu.

L'ordre vint.
Tirer.
Puis reculer.
Tirer encore.

Ses flèches étaient peu nombreuses, mais il en tira sept avant que les premiers cris de douleur ne brisent l'air. Les chevaux français s'empalaient sur les piques. Les hommes d'armes tombaient, désarçonnés. Le chaos. La honte.

Jehan fuit avec quelques camarades. Il enterra son arc dans les bois du Haut-Clain, jurant de ne plus tirer. L'honneur de la chevalerie s'était fait transpercer par des paysans gallois.

Les cloches sonnèrent un matin de septembre. Le roi Jean le Bon avait décidé d'en découdre avec les Anglais de ce chien noir de Prince de Galles. Les milices de la ville furent convoquées. Jehan reçut une tunique marquée de la croix blanche, une poignée de flèches, et un maigre solde. Ils marchèrent vers le sud, là où les Anglais se repliaient, pillant les campagnes. Les archers de Poitiers furent postés en soutien sur la colline de Nouaillé.

— Ils sont deux mille archers, dit un homme d'armes. Gallois pour la plupart. Ils vont noircir le ciel comme corbeaux. Tenez bon.

Jehan vit les chevaliers français charger. Il vit aussi les pieux de bois, plantés par les Anglais, sur lesquels les chevaux s'empalèrent. Il tira ses flèches.

Une, deux, trois. Il ne visait plus. Il priait.
Puis vint le désastre.
Le roi capturé. Les nobles massacrés. Les miliciens dispersés.
Jehan jeta son arc dans le Clain. Il marcha seul, sans bruit, vers les bois. Son frère, aussi milicien, ne revint jamais.

Étant donné le manque de considération de la part des gens de guerre pour l'arc et l'arbalète, qui sont perçus comme des armes non nobles, le recrutement des archers et des arbalétriers se fait parmi les gens des catégories sociales inférieures : artisans, petits bourgeois ou encore paysans. Ce processus est basé sur le volontariat.

Charles V s'efforce de restructurer l'unité des archers pour renforcer les capacités militaires de la France. Il s'inspire des rois anglais en interdisant, le 3 avril 1369, les jeux de hasard (dés, échecs), de quilles, de palet et de Soule (un jeu ancêtre du football et du rugby).

Cette mesure n'est cependant pas très efficace, car les Français ne semblent pas partager le même sens du devoir civique ni la même discipline que les Anglais. En outre, en vertu d'une ordonnance émise en juillet 1367, il a commandé un dénombrement des archers et des arbalétriers. Il a demandé à la population d'apprendre à tirer à l'arc et de s'exercer. Des récompenses seront attribuées aux meilleurs tireurs. Il crée également des corps d'archers. Non seulement l'aristocratie dédaigne l'arc et les archers, mais elle s'inquiète également de l'influence croissante des compagnies d'hommes d'armes non nobles. Par conséquent, elle exerce des pressions pour mettre fin à l'utilisation de l'arc, pour demander leur dissolution ou pour limiter leur action à des tâches de police dans certaines villes. C'est pour ces raisons que Charles VI accepte finalement de les abolir.

Charles VII (1422-1461), qui règne pendant la période de paix d'Arras (1435), profite de ce répit pour mettre en place l'un des plus grands changements dans l'organisation de nos forces armées. Avec le soutien, plus résigné qu'enthousiaste, de ses sujets, qui acceptent de payer pour assurer leur sécurité, il réorganise en profondeur son outil militaire grâce à de longues discussions au sein de son conseil. Il institue une cavalerie permanente par la création, le 2 novembre 1439, des « compagnies d'ordonnance » ; il installe également des garnisons permanentes. Il crée une artillerie royale plus mobile, composée de canons. Bien qu'ayant toujours haï l'indépendance des compagnies et les vices qui en découlaient, il réévalue leur utilisation stratégique, notamment celle des archers.

Le chroniqueur français P. De Commynes (1447-1511) en fait l'éloge : « La chose la plus importante dans une bataille, c'est l'archer. Mais ils doivent être en grand nombre, car un petit groupe n'est d'aucune utilité. »

L'aversion de Charles VII pour le recrutement volontaire fait qu'on cherche dans notre pays des éléments de valeur pour créer les forces nouvelles qu'il veut mettre en place. Il est donc décidé que chaque paroisse élira un homme expérimenté dans le maniement de l'arc sur 50 feux (foyers), et que celui-ci devra toujours être prêt à partir au mandement du Roi. Pour qu'une infanterie d'archers soit créée, il faudra encore attendre quatre ans de projets et d'études. Ce n'est qu'avec l'ordonnance du 28 avril 1448 que naît le corps des Francs-Archers. Cette unité pourrait avoir été inspirée par la milice d'archers que les ducs de Bretagne recrutaient dans chaque paroisse depuis 1425.

En 1453, Charles VII crée une « garde écossaise », officiellement pour remercier les Écossais de leur aide contre les Anglais, officieusement pour former les archers français. Ces gens de traits recrutés dans la population non noble sont faciles à mobiliser et, en principe, régulièrement entraînés et bien équipés.

En contrepartie de ces fonctions, ils bénéficient, par privilège spécial, d'une exemption de charges publiques et fiscales, telles que la taille, la gabelle, les corvées, le guet, le logement des soldats, ainsi que d'autres aides qui ont cours ou auront cours à Paris. Ils participeront cependant aux réparations et aux fortifications de la ville, à l'arrière-ban, et à la rançon du roi et de ses successeurs. L'exemption de guet s'applique également aux facteurs d'arcs. C'est ainsi qu'on put former un corps d'environ 18 000 hommes, les Francs-Archers. Ce fut le début de nos armées permanentes. Cela n'était pas arrivé dans notre pays depuis l'époque romaine. À compter de 1451, ces Francs-Archers furent placés sous la direction de capitaines permanents. Leur rôle était de les inspecter deux ou trois fois par an pendant les périodes de paix, et de les emmener au combat pendant les conflits. Les individus ne sont pas constamment stationnés sous les étendards. Ils constituent plutôt une réserve dynamique qui assume le rôle d'une milice. En temps de paix, ils assurent la protection des châteaux ou la régulation des marchés. Cependant, ils doivent rester disponibles pour le roi.

Chaque capitaine, qui est lié au monarque par un serment, doit commander une lance, sur laquelle il exerce son pouvoir. Il sert d'intermédiaire entre les soldats qui sont sous ses ordres et l'administration royale, en particulier pour le paiement des troupes. Charles VII a quinze capitaines qui ont chacun sous leurs ordres 100 lances. Une lance est une unité de six à dix hommes à pied et à cheval, écuyers, valets, etc. regroupés autour d'un chevalier armé de sa lance.

L'unité tactique : « La lance ».

Depuis le Xe siècle, la lance était l'unité tactique de base. À la fin du XVe siècle, elle existait encore, mais elle était beaucoup plus rigoureusement structurée au sein des compagnies d'ordonnance.

1) Le grand cheval, appelé aussi destrier
2) Le chevalier, monté sur son palefroi, un cheval ambleur
3) L'écuyer, coiffé d'un heaume, portant un bouclier et une lance, monte un roussin, une monture rousse
4) Le coutilier, armé d'une coutille, une arme semblable à une dague ou à une épée monte un coursier, un cheval vif et puissant. Il porte un casque de type barbute, fixé à l'arrière de sa selle.
5) L'un des six archers sur son courtaud, équipé d'un braquemart inspiré du cimeterre oriental légèrement courbé, que l'on appelle badelaire, baudelaire, bazelaire ou basilaire.
6) Le valet sur son bidet, muni d'une lance et d'un badelaire, également connu sous le nom de coutelas. La « haquenée de gobelet », une jument, a un bât particulier pour transporter les provisions du

chevalier.

7) Les hommes d'armes ne montaient que des chevaux mâles.

8) Le sommier ou bidet, portant les bagages. *Chaque « lance » était composée d'un nombre variable de combattants à pied.*

9) *Ces combattants étaient équipés de l'anicroche et de la saquebure, des armes spécifiquement conçues pour capturer des prisonniers de marque dont le maître exigeait une rançon.*

L'épanouissement du processus de sélection des forces armées en Europe.

Au XIIe siècle, la seconde moitié connaît une période de déclin dans le domaine militaire. Les principes féodaux traditionnels font progressivement place à des méthodes plus flexibles, où l'influence monétaire devance celle des liens vassaliques. Le dicton « l'argent est le nerf de la guerre » se révèle particulièrement pertinent pendant la « guerre » de Cent Ans. Afin de prolonger la durée de vie des osts au-delà des limites imposées par les lois vassaliques, les rois de France et d'Angleterre devront rémunérer les soldats avec une solde régulière et payer les mercenaires étrangers qu'ils auront recrutés. Ainsi, cette guerre sera menée uniquement par des professionnels militaires. Cette situation exige une administration efficace ainsi qu'un budget substantiel. Comme l'impôt ne couvre qu'une partie des dépenses militaires, les souverains devront recourir à des subterfuges pour équilibrer leurs budgets. Le plus célèbre d'entre eux est connu sous le nom de « remuement » des monnaies, c'est-à-dire l'ancêtre de nos dévaluations.

Qu'en est-il du service militaire à la veille de la guerre de Cent Ans ?

Angleterre.

Le roi dispose de l'ost féodal.
Cependant, il bénéficie d'une réforme importante du mode de recrutement : l'indenture.
Dans tout le pays, les chevaliers sont tenus de fournir une assistance militaire à leur seigneur. Elle peut prendre trois formes : l'ost, la chevauchée ou la garde.
L'ost peut être demandé uniquement par les seigneurs de haut rang, appelés « grands vassaux », comtes et ducs. Il peut y avoir une demande par an, pour une période maximale de quarante jours.
Une chevauchée peut être demandée par n'importe quel seigneur, autant de fois qu'il le souhaite.
Celle-ci dure en moyenne une semaine et parcourt environ une journée de marche. Les soldats doivent assurer la garde du château, devenant ainsi le chef de la garnison. Ce service, qui se concentre uniquement sur la défense, est souvent confié aux vassaux âgés, invalides ou temporairement incapables de se battre.
La plupart des gens ordinaires doivent fournir une aide défensive et assurent des fonctions secondaires, comme les guetteurs, les terrassiers ou les porteurs.
Cependant, le monarque peut parfois imposer un service roturier.
Chaque unité administrative doit fournir un

contingent d'hommes proportionnel au nombre de foyers qu'elle compte. Par conséquent, une taxe est prélevée sur chaque résident pour équiper ceux qui s'engagent volontairement ou ceux qui sont sélectionnés au hasard.

Dès la seconde moitié du XIIe siècle, il devient courant de prélever un impôt sur tous les hommes libres afin de financer l'armée royale.

France.

Philippe Auguste met en place un peu plus tard des fiefs d'argent : les bénéficiaires ne reçoivent pas de terres, mais une rente en échange de laquelle ils doivent au roi une aide militaire, principalement pour servir comme archers ou arbalétriers.

Ces pratiques ont permis à chaque souverain d'engager des professionnels de la guerre et de jeter ainsi les bases d'une armée permanente.

Engager des étrangers pour mener ses propres guerres est une pratique aussi ancienne que le conflit armé lui-même. En effet, presque tous les pays, depuis l'Égypte ancienne jusqu'à l'Angleterre de la reine Victoria, ont fait appel à des troupes étrangères. Cependant, cette pratique n'a jamais atteint de telles proportions que pendant la guerre de Cent Ans. Les mercenaires prenaient part aux conflits, soit d'un côté, soit de l'autre, selon celui qui payait le mieux. Ils pouvaient aussi agir dans le cadre d'entités extrêmement bien organisées. Par exemple, au XIVe siècle, les experts en canons et en armes à feu formaient une sorte de société secrète internationale,

protégée par un saint patron. Quoi qu'il en soit, le profit était leur principal moteur. Dans l'histoire, les périodes durant lesquelles l'État a détenu le monopole de la violence ont été l'exception, et non la règle. Les organisations militaires ont particulièrement prospéré à certains moments, quand, sous des régimes affaiblis, de puissantes capacités guerrières se sont trouvées disponibles sur le marché. Ce phénomène est d'ailleurs à l'origine du développement de la société de marché, avec l'émergence des mercenaires en tant qu'acteurs clés. Ils ont également participé à l'émergence des premiers contrats écrits à l'aube de l'entreprise individuelle et des montages financiers sophistiqués.
Sous l'Ancien Régime, le souverain n'a pas sa propre armée permanente. Dès qu'une guerre éclate, il doit faire appel à « l'ost » de ses vassaux. L'ost compte des effectifs réduits, rarement plus de dix à quinze mille hommes. Le processus de mobilisation est long et laborieux.
Enfin, à côté de ces formes habituelles, le roi peut, dans le cas d'un péril extrême, effectuer une levée en masse de tous les sujets, pour une assistance non limitée dans le temps. C'est l'arrière-ban, réminiscence de l'ancien service public dû par tous les hommes libres au souverain carolingien.
Mais, ce schéma du service roturier reste théorique. Du dixième au treizième siècle, la capacité à gouverner est faible, voire inexistante. À tous les niveaux, chacun cherche et trouve de bonnes raisons pour être exempté de cet usage populaire.
Le système militaire féodal, considéré dans son ensemble, s'avère remarquablement peu efficace. En

effet, il est marqué par un nombre limité de chefs, des forces non spécialisées et temporaires. Ce qui est encore plus alarmant, c'est que les troupes, qui servaient le souverain, pouvaient parfois inclure des adversaires réels, tels que des seigneurs en guerre, poursuivant leurs propres intérêts. Pour pallier ces insuffisances et en complément des obligations sociales découlant des liens féodaux, on a recours à des mercenaires. Ces travailleurs expérimentés s'occupent fréquemment des tâches techniques que les autres mercenaires, souvent engagés pour de courtes périodes, ne peuvent pas effectuer. Ces bandes de spécialistes deviennent ainsi les premières formes d'entreprises militaires privées. Elles sont souvent spécialisées dans l'utilisation d'une arme particulière, comme l'arbalète, qui est considérée comme indigne des seigneurs en raison de la pratique et des compétences nécessaires pour l'utiliser, mais qui est trop complexe pour que des troupes de paysans la manient. Ces carences en effectifs s'ajoutent aux retards, à l'indiscipline et au relâchement au moment des combats des soldats roturiers.

Ainsi, au début du XIIIe siècle, par exemple, Philippe-Auguste ne disposait que d'une armée de 3000 hommes, dont environ 2000 fantassins, 300 mercenaires brabançons, 200 arbalétriers, et même en temps de guerre, jamais plus de 300 à 400 chevaliers.

Ainsi, les contraintes du service militaire médiéval incitèrent les dirigeants à transformer la guerre. Progressivement, des troupes professionnelles, composées de mercenaires, firent leur apparition.

L'appât du gain devint la véritable « source de motivation » du conflit.

Les premières défaites des armées françaises pendant la « guerre » de Cent Ans ont montré que la levée féodale traditionnelle n'était plus possible. Les tentatives de mettre en place un service militaire obligatoire n'ont pas donné de résultats positifs, à l'exception chez les Flamands.

À part quelques chevaliers qui vendaient leurs services au plus offrant, la plupart des mercenaires provenaient de familles nobles, principalement dans les régions pauvres et surpeuplées d'Europe occidentale (Pays de Galles, Brabant, Aragon, Navarre).

On les payait en leur versant une solde, ce qui donnera plus tard le terme « soldat » (« homme soldé »). On les identifie par leur lieu d'origine, comme les Aragonais ou les Gallois, ou encore par les appellations de « routiers » ou de « cottereaux ». Au début du XIIe siècle, les mercenaires étaient rares en Europe, mais ils ont été employés pour la première fois par les rois d'Angleterre, suivis par tous les autres souverains. Ils révolutionnent l'art de la guerre en employant de nouvelles armes et en tuant au lieu de capturer. Ils sont plus redoutables en temps de paix qu'en période de guerre. Quasi invincibles, on doit constamment marchander et négocier leurs services. En France, les mercenaires les plus célèbres furent Lambert de Cadoc, Mercadier et Brandin. En Italie, Sigismond Malatesta (1417-1468) célèbre pour sa violence, occupa une place importante.

Dès le XIIIe siècle, l'essor d'une économie urbaine fait circuler l'argent et amène le développement des banques. De nouvelles entreprises font leur apparition et plusieurs villes italiennes (Florence, Gênes, Venise et Milan) sont même soumises à des investisseurs privés. C'est dans ce contexte de transformation que le système de la condotta se répand. Cette pratique, qui consiste à confier les services de l'armée à des unités privées, a été initialement mise en place par les corporations marchandes.

Au quatorzième siècle, les milices urbaines en Italie, où chevaliers et fantassins luttent ensemble pour la défense des libertés communales, disparaissent. La formation des États princiers, avec la soumission des anciennes communes, et l'émergence d'une noblesse urbaine, y a largement contribué. Maintenant, le mercenaire est roi en Italie. En réalité, il est relativement aisé pour les souverains de recruter des soldats étrangers venus d'Italie au cours de différentes campagnes militaires. Il n'est donc pas surprenant que, initialement, des étrangers aient formé les premiers groupes de mercenaires, dirigés par un chef, et qui s'engageaient volontairement dans une alliance militaire, connue sous le nom de « condotta », avec quiconque souhaitait les engager. C'est ainsi qu'est né le terme « condottiere » (condottiere) pour désigner ces chefs de mercenaires. Ces guerriers recevaient parfois des fiefs en récompense de leurs services.
Le mercenariat, solution plus raisonnable et plus économique, évitait la mobilisation générale,

notamment celle des citoyens dont l'économie avait besoin. D'autre part, la noblesse appuyait l'utilisation des troupes louées, car elle craignait le pouvoir du peuple et de la foule armée.

Par conséquent, les villes italiennes adoptent la méthode des unités contractuelles. Cependant, cette pratique n'est pas limitée à l'Italie. En effet, compte tenu de la nature de la guerre, la qualité et le savoir-faire des soldats importent davantage que leur nombre.

À travers l'Europe, les dirigeants commencent à utiliser le scutagium, qui représente la somme d'argent nécessaire pour équiper un soldat, plutôt que de compter sur la participation des masses féodales. Ces sommes, prélevées sur le Trésor royal, servent à engager des mercenaires.

L'essor des groupes militaires privés correspond à une montée de l'instabilité politique, souvent accompagnée de la dissolution des forces armées officielles. Cela s'observe particulièrement pendant la guerre de Cent Ans, où l'absence d'autorité centrale crée un terrain propice au recrutement de mercenaires. À l'origine, plusieurs d'entre eux offraient leurs services comme lances libres, ce qui a donné naissance au terme « free-lance ».

Le terme « lance » retentissait comme une provocation, car, dans la société féodale, l'ensemble de la population était enfermé dans une hiérarchie sociale inflexible. Pourtant, cette époque a vu l'émergence d'une vaste classe militaire qui subvenait à ses besoins en participant aux conflits locaux qui émergeaient. Lorsque leur propre nation n'était pas en conflit, ces hommes, prêts à louer leur arme au plus offrant et à briser ainsi leurs liens féodaux, partaient à la recherche d'un emploi rémunéré à l'étranger. En réalité, les compagnies de mercenaires ont exacerbé les faiblesses du système féodal et ont contribué à la disparition complète de l'ordre établi.

Les principes de la noblesse héréditaire (fidélité, autorité, honneur) et ceux de l'Église, qui étaient les seuls motifs de combat, furent ébranlés par l'émergence de ces lances privées de soldats, qui devinrent les principales forces militaires. Ces organisations temporaires évoluèrent vers des entités économico-militaires au service d'une ou de plusieurs régions. Elles ont également développé des techniques de marketing, en diffusant sciemment des rumeurs sur leur férocité et leur cruauté.

On peut effectivement parler de marketing, puisqu'il s'agissait de se créer une notoriété auprès d'employeurs potentiels, mais aussi de dissuader l'adversaire sur le champ de bataille. Les devises utilisées étaient entre autres : « Seigneurs de la grande lance », « Ennemi de Dieu », « Ennemis de la pitié et de la miséricorde ».

Ces guerriers, bien qu'ils fussent généralement fidèles, ne l'étaient que jusqu'à ce que cela serve leurs intérêts, que ce soit dans leur unité, leur nation d'origine ou même leur employeur.

Contrairement à l'opinion courante, ils ne s'intéressaient pas tant à la pratique du meurtre qu'à l'aspect financier. En effet, la capture de prisonniers permet d'obtenir des rançons.

Cependant, l'accusation de Machiavel, selon laquelle

ces sociétés libres auraient été focalisées sur « l'économie » et n'auraient engagé que dans des batailles « sans sang », est contredite par les faits. En effet, ce sont elles qui ont mené la plupart des combats féroces de la guerre de Cent Ans.
Quand la guerre se termine et qu'il n'y a plus d'argent, ces soldats sans logis ni profession régulière posent un grave problème.
De nombreuses personnes créent des entreprises (dont le nom original signifie « pain partagé », en référence à la nourriture qu'elles recevaient), dans l'espoir de faciliter leur embauche en groupe ou au moins de leur assurer de la nourriture et de la protection. En quête d'opportunités d'emploi lors des conflits armés, ces aventuriers s'approvisionnent en prenant en otage les villes et les hameaux. Par conséquent, les périodes de tranquillité ne sont pas plus favorables que les périodes de confrontation.

— *Les Routiers ! Les Routiers !*

C'est le cri de terreur qu'on entendait quand une compagnie approchait un village ou une ville. Les « Grandes Compagnies », appelées « Écorcheurs » ou « Routiers », sont des groupes d'hommes hétéroclites, effrayants, montés à cheval et à pied, vêtus de manière disparate et armés de diverses façons.
Ces hommes, tous âges confondus, viennent de tous horizons : on y trouve des seigneurs et des manants, des Gascons et des Navarrais, des Anglais et des Hollandais, des Bretons et des Allemands...
Qui sont-ils ? D'où proviennent-ils ?

Ils l'ont oublié. Ils se désignent par des surnoms : « Bras de Fer », « Brisebarre », « Troussevache », « Le Petit Méchin », « Malepaye ». Ils ont sans doute causé autant, sinon davantage, de dommages aux campagnes françaises que les soldats anglais, car ils n'ont aucun respect pour quiconque, pas même pour Dieu.
Les soldats de métier engagés par les armées françaises et britanniques observent généralement une certaine discipline pendant les conflits. Ils constituent des bataillons de combattants hautement qualifiés et spécialisés. Pendant les trêves, les rois ont énormément de difficulté à dissoudre ces « grandes compagnies » qui continuent la guerre pour leur propre compte.
C'est devenu du banditisme.
À cette époque, le pillage est une pratique courante et légale, ce qui ne décourage pas les compagnies de se séparer. Bien au contraire, le profit est leur raison d'être et leur permet de piller les églises et les monastères, d'enlever des évêques et de dérober des calices pour en faire des timbales. Les dirigeants transforment ces biens en argent français, italien ou britannique. Certains investissent légalement en achetant des terres et des propriétés.
La plupart des compagnies sont gérées par un noble qui souhaite maintenir dans son entreprise une structure militaire. Ces entreprises sont extrêmement bien structurées ; elles ont leur propre intendance, avec des selliers, des tanneurs, des tonneliers, des maréchaux-ferrants, des bouchers, des couturiers, des blanchisseuses, des chirurgiens, des médecins, des clercs-comptables qui tiennent les

livres, rédigent les avis envoyés aux villages et aux châteaux, ainsi que les laissez-passer. Certaines ont même leurs aumôniers, ce qui ne nuit en rien à l'escorte féminine : chaque routier traîne avec lui au moins une maîtresse, parfois sa femme légitime, et certains ont des pages, car ils ont d'autres goûts. Elles se retranchaient solidement dans des forteresses et, autour de Paris, elles occupaient environ soixante châteaux. Perchés sur ces promontoires, les mercenaires dominaient la région et pouvaient s'envoler pour extorquer de l'argent à tout ce qui sentait l'argent.

Le capitaine Jean Joüel, chef des archers anglais ayant combattu à la bataille de Cocherel, après avoir échappé à Du Guesclin, reprend ses activités de brigandage. Il s'installe à Rolleboise, sur la Seine, d'où il domine le Vexin et tout le fleuve, depuis Rouen jusqu'à Poissy. Des Bretons et des Gascons, quant à eux, contrôlent fermement les régions de Chartres et de l'Orléanais.

En France, le roi Jean le Bon tenta d'anéantir les compagnies libres, mais il échoua.

Leur tactique était simple, mais très efficace, car elle reposait sur une très grande mobilité. De plus, elles disposaient d'un excellent réseau d'espionnage. Elles avaient une prédilection pour les régions de Normandie, de Bourgogne et du Languedoc.

En 1362, les diverses unités s'unirent pour former une armée qui remporta la victoire sur les troupes royales à la bataille de Brignais. La défaite fut un coup dur qui plongea le pays dans la stupeur. Cependant, les entreprises ne disposaient pas d'un véritable programme politique et leur unité temporaire s'est rapidement dissipée, chacune cherchant son propre emploi. Cette armée privée se dispersa.

Un murmure des siècles : « La rançon du corbeau ».

Automne 1360, quelques semaines après le traité de Brétigny.
Dans les campagnes du Limousin, un ancien sergent de l'armée royale, Geoffroi, surnommé « le Corbeau », s'est reconverti en chef de bande.
Avec une trentaine d'hommes, qui sont tous d'anciens soldats sans solde, il a formé une bande appelée « la Compagnie des Corbeaux ». Ils écument les routes, rançonnant les villages.
Un jour, ils rencontrent par hasard un petit groupe escortant une jeune aristocrate anglaise, destinée à épouser un preux chevalier landais.
Grâce à leur habileté, les hommes capturent la belle sans effusion de sang. Ils transmettent ensuite un ultimatum :

« Trois cents pièces d'or, ou bien elle deviendra l'épouse d'un paysan corrézien. »

La situation s'envenime.

le chevalier gascon, exaspéré, refuse de s'acquitter de la dette et entame une poursuite. Geoffroi, qui a un esprit alerte, décide de prendre les devants.
Il libère la dame avec une escorte et envoie au chevalier... la bague en or qu'elle portait. Avec un simple mot :

« **Vous n'avez payé que la bague, pas la main. La prochaine fois, soyez plus courtois.** »

La compagnie disparaît dans les bois avant l'arrivée des soldats.
On raconte qu'après cela, Geoffroi aurait servi un seigneur bourguignon... avant de mourir, non pas assassiné par ses ennemis, mais pendu par ses propres hommes, fatigués de devoir partager les butins avec un chef trop avare.

LA GUERRE DE CENT ANS.

En 1337, débute ce qu'on appelle la guerre de Cent Ans.
L'expression « guerre de Cent Ans » est, en fait, une dénomination relativement récente, qui n'était pas utilisée durant le Moyen Âge.
Elle a été inventée plus tard, vers le milieu du XIXe siècle, par des historiens français.
On attribue souvent la popularisation de ce terme à Jules Michelet, un historien majeur du XIXe siècle, qui l'a employé dans son ouvrage encyclopédique « Histoire de France » (1833-1867).
Michelet ne l'a peut-être pas inventée, mais il a contribué à sa diffusion auprès du grand public.

Mais pourquoi ce terme ?

Le conflit entre les royaumes de France et d'Angleterre s'est étendu sur plus d'un siècle, de 1337 à 1453, soit 116 ans.
Ce conflit, qui fut entrecoupé de périodes de trêve, se compose d'un ensemble de luttes dynastiques et territoriales. Pour cette raison, on a cherché un terme unificateur pour le définir.

Le terme « guerre de Cent Ans » est donc une construction historiographique, utile pour désigner cette longue période de conflits intermittents.
Quel était son nom à l'époque ?
   Au Moyen Âge, les gens n'appelaient pas cette période « la guerre de Cent Ans ». En France, on parlait plutôt de « la guerre contre les Anglais ».
En Angleterre, on disait : « la guerre en France ».
On employait également des expressions plus brèves, telles que « la guerre de succession de Bretagne » ou « les campagnes de Normandie ».
Ce conflit a transformé les escarmouches en véritables batailles.
Jusqu'à la fin de cette guerre en 1453, les armées en présence possèdent toujours les trois composantes : une cavalerie, des fantassins, des piétons et une artillerie composée de gens de trait et de feu.
L'aura du chevalier s'est estompée. Cette évolution découle de la baisse drastique du nombre d'adoubements. Les bourgeois enrichis des villes prospères peuvent désormais l'acheter, ce qui en fait un terme honorifique plutôt qu'un symbole de bravoure et de courage. Ce phénomène d'embourgeoisement de la chevalerie a entraîné la création, durant la même période, d'ordres de chevalerie axés sur des enjeux politiques. Cependant, elle entraîne aussi l'affaiblissement de la cavalerie lourde utilisée seule. Les affrontements de Courtrai et de Crécy mettent en évidence cette fragilité. L'alourdissement des armures des cavaliers et des montures, qui peut, pendant un certain temps, compenser les faiblesses de ces derniers, est rendu inefficace par l'utilisation massive des armes de jet,

et la diffusion des armes à feu dès la seconde moitié du XVe siècle.
Au fil des combats, l'infanterie reprend sa place centrale sur le champ de bataille en tant qu'acteur clé. Les méthodes traditionnelles, telles que les formations serrées de piquiers renforcées par une artillerie, sont réintroduites. De plus, l'arc est largement standardisé et utilisé, tandis que, vers la seconde moitié du XVe siècle, l'artillerie à feu fait son apparition. Toutes ces tendances montrent clairement la détermination de causer des pertes massives et à distance.
En 1346, lorsqu'on abordait le sujet des archers et des arbalétriers, Philippe VI répliquait :

— « Ne me rebattez pas les oreilles avec ça ! Vous le savez aussi bien que, moi, un grand galop de notre chevalerie devrait suffire à desfoncquer les Godons ».

Les rois de France, et ses vassaux, sont convaincus de leur inutilité tactique, persuadés de la supériorité d'une charge de la chevalerie, certes la meilleure de l'époque sur un champ de bataille. On leur admet tout au plus un rôle d'appui. Quand il entreprend la réorganisation de ses armées en 1435, Charles VII leur donnera la place qu'ils leur reviennent.
En 1351, un édit royal tente de les structurer :

— « *L'arbalétrier qui aura bonne arbaleste, et fort selon sa force, bon baudrier et sera armé de plates, de cervelière, de gorgette, d'espée, de coustel, de harnois, de bras de fer et de cuir, aura le jour (par jour) trois sous tournois de gaiges... Et voulons que tous soient mis par connestables et compaignies de vingt-cinq ou trente hommes, et que chacun connestable ait et prengne double gaige, et qu'ils facent leurs monstres (revue) devant ceuls à qui il appartiendra, ou qui à ce seront députez ou ordonnez et que chacun connestable ait un pennencel à queue de telles armes ou enseigne comme il liplaira ».*

Le souverain ne se contente pas d'accorder des faveurs, il s'efforce de les retenir à son emploi :

— « *Elles ne pourront quitter le service sans le congé du capitaine qui commandera, toucheront deux gros vieux tournois, lorsqu'ils ne seront plus en état de servir, ils jouiront des privilèges ci-dessus marqués, en échange, ils prêteront le serment de servir le roi avec promesse de se tenir prêts et appareillés, montés et armés pour se rendre là où il nous plairoit de les appeler ».*

Chaque entité administrative est tenue de fournir un nombre d'hommes proportionnel à la population qu'elle compte. Les habitants sont ensuite invités à payer une taxe afin d'équiper les volontaires et les personnes tirées au sort.

Mais l'aristocratie, non seulement, méprise l'arc et les archers, mais elle s'inquiète de l'importance et du danger que prennent ces compagnies d'hommes d'armes non nobles. Elle fait donc pression pour qu'on « cesse de tirer à l'arc », et demande leur dissolution, ou, au moins, qu'on limite leur action à celle de police dans certaines villes. Finalement, Charles VI cède à cette requête et met fin à leur existence.

Par une ordonnance datée de juillet 1367, il commande un dénombrement des archers et des arbalétriers. Il demande également à la population d'apprendre à manier l'arc et de s'exercer au tir. Des récompenses seront données aux meilleurs.
Charles V essaie de réorganiser le corps des archers pour donner à la France une armée bien entraînée. À l'instar des rois d'Angleterre, il interdit les jeux de table (dés et dames), de quilles, de palet et de Soule (ancêtre du football et du rugby) le 3 avril 1369. Cependant, cette mesure s'avère peu efficace. Les Français n'ont pas le même sens du devoir civique ni de la discipline que les Anglais. L'indiscipline est un véritable problème, voire une caractéristique des Français. Les mutineries de ces soldats impétueux, souvent non rémunérés et mécontents de la nourriture, représentent un danger constant. La crainte est-elle que les officiers ne distribuent les munitions qu'au tout dernier moment, juste avant la bataille, et n'assurent pas non plus leur réapprovisionnement durant l'action ?

La mort de Jeanne d'Arc en 1431 a profondément marqué Charles VII, qui a pris conscience de la nécessité urgente de réorganiser l'armée en créant une unité permanente pour rétablir l'ordre, la sécurité et expulser les Anglais du territoire.
Cette réorganisation est commencée sous Charles V « le sage » (1364-1380) c'est surtout à partir des réformes de Charles VII en 1445, que l'armée passer à l'état de l'armée du roi, ou du prince. Cette volonté royale de réformes inquiète les seigneurs. Ils y voient,

non sans raison, un instrument qui pourrait les dépouiller de leurs privilèges féodaux[1].

Avec l'aide de Jacques Cœur[2], son grand argentier, il va mettre en place les moyens de sa politique militaire qui lui permettront de devenir « Charles le victorieux ».

Pendant la trêve d'Arras (1435), le roi profite de ce répit pour effectuer l'une des réformes les plus importantes de l'histoire de l'organisation militaire de notre pays.

Son recrutement est nobiliaire, mais il est aussi le creuset d'une promotion sociale. Des bâtards nobles, des déracinés et des déclassés de toutes origines intègrent l'armée du roi.

Son aversion pour le recrutement volontaire l'amène à chercher des recrues de qualité pour créer de nouvelles forces armées. Il décide que chaque paroisse élira un homme par cinquante foyers (ménages), expérimenté à l'utilisation de l'arc, et que celui-ci devra toujours être prêt à partir au signal du Roi.

En 1429, la « Grande Ordonnance d'Orléans » crée les « Compagnies mixtes d'hommes d'armes et de gens de trait ». Elles sont dirigées par un capitaine. Le chroniqueur français P. de Commynes (1447-1511) en fera plus tard l'éloge : « La souveraine chose du monde, en matière de batailles, ce sont les « archiers » et les « arbalestriers », mais ils doivent

---

[1] Ils protesteront lors d'un soulèvement intitulé « Praguerie », car il correspondait à une démonstration similaire qui s'était tenue en Bohême.
[2] Jacques Cœur (1395-1456), maître des monnaies, prêteur et financier de Charles VII.

être en grand nombre, car, en petit nombre, ils ne valent rien ».

En 1445, on crée les « Compagnies de l'Ordonnance ».

Chaque compagnie compte 100 lances, soit autant de combattants équipés de la tête aux pieds, ainsi que 5 cavaliers légèrement armés.

Les chevaliers bannerets et à pennon sont supplantés par des chefs de guerre et des capitaines de compagnie. Les « compagnies » se substituent peu à peu aux « lances », aux « bannières » et aux « batailles », et sont constituées, aux ordres d'un capitaine, de chefs de guerre de rang inférieur, de « gens d'armes », à cheval ou à pied, et de « gens de traits », archers et arbalétriers. Une compagnie arbore simultanément deux enseignes. Un étendard de très grande dimension, à double queue, est destiné normalement aux gens d'armes à cheval. Le pennon, plus petit, à une seule queue, sert plutôt pour les hommes d'armes à pied. Il guide les troupes, c'est pourquoi on l'appelle aussi guidon. Les deux bannières arborent les teintes du commandant.

Aux compagnies, il faut ajouter les milices bourgeoises qui participent à la défense des places, ainsi que les auxiliaires étrangers appelés par le roi de France en vertu d'accords ancestraux, comme les Écossais, au nom de l'« Auld Alliance » [3] ou de liens

---

[3] « Vieille Alliance » est un terme qui désigne une alliance entre la France, l'Écosse et la Norvège. Cette alliance remonte à la saga des jarls des Orcades (« Orkneyinga saga ») et à l'invasion de la Normandie par les Vikings. La Norvège n'a jamais mentionné cette alliance, mais elle a servi de fondement aux relations franco-écossaises de 1295 à 1746.

vassaliques, comme les Italiens, le duc d'Orléans étant aussi duc de Milan ou les Espagnols, la belle-mère de Charles VII étant la reine Yolande d'Aragon. Par une ordonnance datée du 28 avril 1448, il parvient à terminer quatre années de projets et d'études en formant une infanterie de milice, composée d'environ 18 000 hommes et uniquement constituée d'archers. Il crée ainsi le corps des « Francs-Archers » pour doter la France d'une infanterie d'un style nouveau, véritable noyau d'une armée nationale permanente. Les communautés rurales et urbaines fournissent des troupes de 80 feux, responsables de l'engagement et de l'équipement d'un soldat. Chaque soldat reçoit une veste ou une brigandine, un arc, une dague et une épée. Ce système pourrait avoir été inspiré par la milice d'archers levée par les ducs de Bretagne dans chaque paroisse depuis 1425. Les « Francs-archers », issus de la classe non nobiliaire, sont faciles à mobiliser et, théoriquement, régulièrement entraînés et bien équipés. En contrepartie, ils bénéficient d'un privilège spécial : ils sont exemptés de charges publiques et fiscales, telles que la taille, la gabelle, les corvées, le guet et le logement des soldats. Bien que l'exercice au tir à l'arc ne déplaisait pas aux braves bourgeois, ils préféraient se retrouver entre voisins plutôt que de se préparer à la guerre. Cependant, il était préférable d'avoir de bons mercenaires suisses ou allemands plutôt que de se souvenir d'un arrière-ban inefficace.

Pour que cette artillerie se développe, il est nécessaire de créer un commandement distinct. En 1448, Charles VII ordonne :

— Créer une infanterie régulière pour qu'elle prenne un rôle de plus en plus important.
— Le renforcement de l'artillerie.
— Le remplacement des bombardes par des canons sous la direction Gaspard et Jean Bureau[4].

Dès 1451, des « Francs-Archers » sont placés sous la responsabilité de capitaines permanents qui ont pour tâche de les inspecter deux à trois fois par an en temps de paix et de les emmener au combat en temps de guerre. Ils ne sont pas constamment stationnés sous les étendards, mais plutôt maintenus dans une réserve dynamique, servant de milice nationale. Pendant les périodes de tranquillité, ils assurent la sécurité des châteaux ou la régulation des marchés. Toutefois, ils doivent demeurer disponibles pour le souverain. La population les perçoit mal à cause de leur insubordination, de leur insolence, de leur couardise et de leur manque d'indiscipline. Les troupes appelées « Compagnies de l'Ordonnance » et les « Francs-Archers » émergent comme la première armée professionnelle et durable du pays.

En 1453, Charles VII engage à prix d'or une unité d'archers écossais, la « garde écossaise », officiellement pour les remercier de leur aide contre les Anglais, officieusement pour former les archers français.

L'armée est structurée, disciplinée, régulièrement payée et permanente, ce qui permet aux stratèges de mieux coordonner leurs troupes. De plus en plus, les

---

[4] Jean Bureau (~1390-1463), seigneur de Montglat (ou Montglas), de L'Houssaye-en-Brie (1450), de Fontenay-en-France, de Thieux et Noisy-le-Sec, de Marle et de la Malmaison, occupe le poste de grand-maître de l'artillerie du roi Charles VI.

chevaliers se battent pour l'argent, et non plus pour l'honneur et la gloire. Peu importe l'héritage du chevalier, la vie de chevalerie devient de plus en plus coûteuse sur le plan économique. Un chevalier, son cheval, son heaume, son haubert et son épée nécessitent le produit du travail de 500 hectares. Il y a 300 ans, l'équipement représente les revenus annuels d'une seigneurie moyenne de 150 hectares. La plupart de ces seigneurs restent donc écuyers toute leur vie.
Chaque soldat, qu'il soit de rang élevé ou non, devient un atout précieux qu'il faut protéger.

Au tournant du 14e siècle, l'armée et l'esprit de la chevalerie connaissent une transformation. Le règne de Charles VII ne se résume pas à un chemin ardu de l'humiliation à la victoire. C'est aussi le moment de l'organisation définitive des institutions essentielles au gouvernement monarchique. Des troupes féodales à la recherche de renommée évoluent vers des forces militaires professionnelles qui visent simplement à durer pour percevoir leur rémunération. À présent, on se bat pour de l'argent. On lève des troupes constituées d'hommes qui se vendent au plus offrant, qui changent de camp sans scrupule et qui vivent au détriment des populations en dehors des périodes de guerre.
Charles VII met fin victorieusement à la guerre de Cent Ans grâce à sa prise en compte de l'inefficacité de l'armée féodale « ni permanente ni performante ».

La solde.

En principe, les archers et les arbalétriers reçoivent leur rémunération mensuelle, que le roi soit engagé dans une guerre ou non. Pour couvrir ces dépenses, une taxe spécifique a été introduite : la taille des gens d'armes. Sous Charles VII, un homme d'armes (noble) touche quinze livres par an pour ses trois chevaux, son page, son coutilier et lui-même. Il y a aussi un hallebardier qui reçoit cinq livres par an, ainsi qu'un arbalétrier ou un archer qui touche sept livres et demie par an, pour lui et son cheval.
Un registre ancien révèle le coût des fournitures : une armure (jaque) vaut cinq livres, une dague, quatorze sous, une salade, quatre livres, ainsi qu'un arc et son étui pour une livre.
En revanche, le salaire annuel d'un artisan qualifié, tel qu'un tailleur de pierre s'élève à seulement trois livres quinze sous. Il convient toutefois de noter que ces chiffres ne tiennent pas compte des rançons, qui sont versées, soit au roi, soit à l'un de ses lieutenants les plus proches, en cas de capture.
Cela concerne les rois, les princes, les capitaines de sang royal, ainsi que leurs lieutenants, commandants et connétables ennemis. Les prises peuvent assurer une récompense confortable.
Par la suite, on se partage ces dernières. Dans un registre de la caserne de Tomberlaine daté de décembre 1443 à mars 1444, un scribe note les allées et venues des soldats d'infanterie et des archers, les périodes d'absence, la liste des otages et la vente des montures et des épées capturées. Le total des rançons s'élève à vingt-huit livres et six deniers.

Voici la répartition de la somme :
— Neuf livres douze sous six deniers sont attribuées au capitaine.
— Trois livres quatre sous deux deniers au commandant de la garnison.
— Une livre une sol cinq deniers au roi.
— Le reste est pour le rançonneur.

Bien que cela soit formellement interdit par décret royal, le pillage persiste. En effet, tous les biens dérobés sur le champ de bataille par les archers et les arbalétriers ne font pas l'objet d'un rapport, ce qui rend impossible l'évaluation de l'importance du butin.
Les rançons et les pillages ne sont pas imposables, ce qui les rend très avantageux.
En résumé, leur mode alimentaire consiste à s'approvisionner auprès des agriculteurs. Il n'est pas un village qui n'a pas souffert, périodiquement, du passage de troupes. Au XIVe siècle, dans certaines régions, les opérations militaires se sont étirées, entraînant des ravages. Par exemple, dans la région sud de Paris, la dîme, qui rapporte normalement à Antony trente-cinq muids de grains et cent vingt muids de vin, est réduite à vingt muids de grains, et à vingt de vin seulement, en 1384, la différence allant aux forces armées.
Ces données illustrent l'impact du déploiement militaire sur la production d'un village. Les incursions des soldats n'ont pas d'effet durable sur la production de céréales, mais elles entraînent des dommages considérables sur les cultures maraîchères et les vignes. Le bétail, en particulier, est

une cible attrayante. Les soldats se servent d'abord dans les endroits où ils peuvent trouver de la nourriture, c'est-à-dire dans les demeures des seigneurs, mais aussi dans leurs dépendances (moulins, fours, clos et vergers). Il est manifeste qu'en temps de conflit, ce sont les personnes fortunées qui souffrent le plus, tout comme les citadins par rapport aux ruraux.

Les archers ont commencé à réaliser leur potentiel au sein de l'armée royale.

Ils sont devenus progressivement indispensables, tant pour assiéger les villes qu'au combat. De plus en plus d'armées ont donc été contraintes de les intégrer à contrecœur.

Au Moyen Âge, où l'esprit collectif prime sur celui de l'individu, les archers décidèrent de former une confrérie semblable à celle de la chevalerie.

L'équipement militaire des archers.

L'équipement militaire du soldat médiéval, communément appelé harnois, est relativement bien documenté, bien que peu de vestiges nous soient parvenus. Ce qui saute aux yeux, c'est l'étendue de la variété des armes et des uniformes, que ce soit pour les combattants montés ou pour les combattants à pied.

La principale cause de cette disparité est l'obligation faite à chacun de s'armer à ses frais. L'équipement coûte cher, et peu de gens en possèdent la totalité.

Les soldats, sergents et piétons ont un équipement offensif beaucoup plus varié que celui des chevaliers. Parmi les armes de poing, on peut mentionner la hache, la plus répandue étant la hache danoise. *Longueur du manche : un mètre. Surface tranchante de trente centimètres sur quinze. La corgiée, fouet sans manche composé d'un ensemble de lanières de cuir. La masse d'armes, sorte de massue dont la tête est étoilée de pointes. Le couteau, particulièrement redoutable au corps à corps, et les multiples et grossiers bâtons dont s'arment les plus pauvres des manants et des vilains.* Ils emploient également des piques et des épieux primitifs, fabriqués à partir d'un long manche en bois muni d'un crochet de fer à son extrémité. Ce crochet est large et pointu, parfois muni de deux ou trois pointes, et sert à faire trébucher les chevaux ou à désarçonner les chevaliers.

L'arc :

Les archers utilisent des arcs très différents, parmi lesquels on peut distinguer :

— **l'arc normand** (1) ;
— **l'arc bourguignon** (2) ;
— **l'arc longbow** (3).

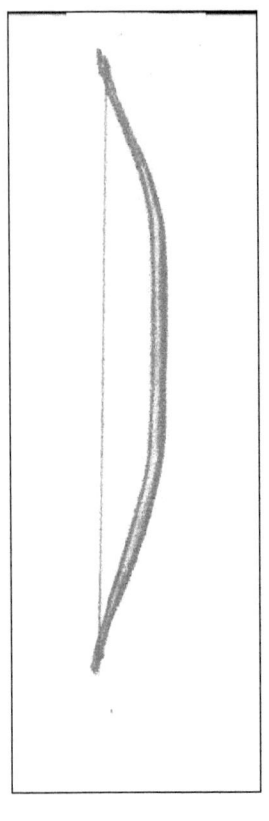

1

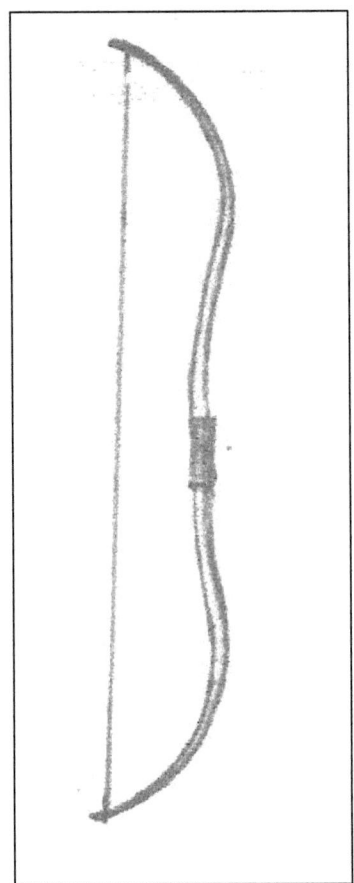

2

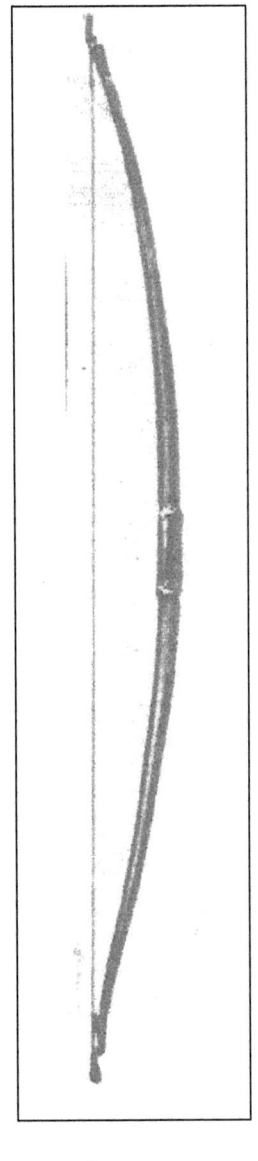

3

L'arc *Normand* :

L'arc normand en bois, assez épais et rigide, ne permet pas une longue course (60 à 65 cm maximum). On l'utilise principalement pour la chasse ou dans un contexte défensif, dissimulé derrière les archères des châteaux.

L'arc *Bourguignon* :

De la taille du tireur, en bois assez épais, l'arc bourguignon, d'environ un mètre soixante, se tire avec une plus petite allonge. Il est légèrement contre-courbé, ce qui améliore sa souplesse. Il est probablement plus précis que le Longbow. Il est principalement utilisé pour la chasse et la protection des châteaux. Le procédé de collage croisé, qui consiste à combiner différentes essences de bois, permet de compenser les éventuels défauts des matériaux individuels. Cette pratique, qui consiste à protéger l'arc de l'humidité en utilisant du cuir ou de la peinture, était rare au Moyen Âge, car elle était coûteuse.

Ces deux types d'arcs sont habituellement faits en if, orme ou frêne. Ils servent au tir rapide, mais pas à la perforation de l'armure.

Utilisation dans le domaine militaire :

En défense : sur les murs, en surplomb, protection par meurtrières.

En campagne : tir groupé, harcèlement, embuscade.
Le tir en cloche : arc élevé, retombée parabolique pour frapper derrière les lignes.

Le *Long Bow* :

La provenance précise du Long Bow est entourée de mystère. Il est presque certain qu'il était utilisé dans le sud du pays de Galles vers la fin du XIIe siècle. Un chroniqueur gallois, Giraldus Cambresis, l'évoque dans un récit relatant l'assaut d'Abergavenny en 1182, où deux archers l'auraient utilisé. À ce jour, nous ne disposons pas de témoignages suffisamment clairs pour confirmer son utilisation avant le Ve siècle. Toutefois, certains historiens avancent que l'arc a été introduit de nouveau en Albion par des envahisseurs danois à la fin du Ve siècle. La première mention de son utilisation dans un contexte militaire remonte à l'année 623, dans un récit relatant la mort du roi Edwin de Northumbrie, tué par une flèche lors de son combat contre les Gallois.

De nombreux textes ultérieurs, en particulier ceux de l'historien Virgil Polydor (fin IXe siècle), laissent croire que les Gallois furent les premiers à employer le longbow comme arme de guerre. De portée considérable, cet arc de fabrication industrielle avait une durée de vie limitée et aléatoire. Ce magnifique arc est fabriqué à partir de bois de cerf (aubier à l'arrière et cœur à l'avant de l'arc). Il est de forme transversale en « D » (dos plat) et mesure de deux à deux mètres de long pour des hommes d'un mètre soixante, qui est la taille moyenne à l'époque. Il permet des allonges de quatre-vingt-dix centimètres (trente-cinq pouces).

Dès l'enfance, certains Anglais s'exerçaient au tir à l'arc avec des arcs pesant de 100 à 120 livres (45 à 54 kg) et lançant de lourdes flèches. Ils pouvaient atteindre une distance de 250 m à 300 m grâce à un tir parabolique, et ils étaient même capables de percer une cotte de mailles à 200 m, ou une armure à 100 m, en tir direct.

La corde de ces arcs était tressée en lin, en chanvre ou encore en soie, selon le modèle. Son usage est principalement militaire, et il sert à l'attaque à longue distance.

Les gens de haut rang préféraient les arcs élégants et moins puissants pour la chasse. Pendant des siècles, c'était l'arme favorite des Anglais. Il est certainement puissant, mais la puissance de l'arc dépend surtout de la dextérité de l'archer.

Application militaire :

Pluie de flèches : les archers tirent en volée depuis des positions protégées.
Tirs tendus : à courte portée pour percer les armures (notamment avec des pointes bodkin).
Combinaison : avec pieux plantés au sol pour contrer les charges de cavalerie.

La flèche

Le terme dérive du francique « Fliukka » ou « Fliuigika », ce qui signifie littéralement « celle qui s'enfuit ». Il décrit une flèche de guerre typique au Moyen-Âge, telle que définie par la « British Longbow Society » de Londres. Elle possède une pointe en pin ou en plomb, pesant environ quinze grains. Son corps principal, appelé « breats », est suivi par un corps central, ou « shaft », mesurant 3/8 pouces de largeur et trente et un pouces et demi de longueur, pour un poids total d'environ une once et demie. L'arrière de la flèche, nommé « back », est ensuite attaché, ainsi que sa partie centrale, appelée « waist », formant un triangle plat d'environ six pouces. Enfin, son extrémité, désignée sous le nom de « heel », est dotée d'une encoche, ou « nolk », fabriquée entièrement en bois, mais souvent renforcée avec une fine lame en corne ou en ivoire, réservée aux plus fortunés. Les flèches de guerre avaient une hampe épaisse, ce qui leur permettait d'emporter une pointe plus lourde et ainsi d'infliger plus de dommages. On pense que la hampe de ces

flèches était en ébène ou en olivier, et qu'elle pouvait être composée de deux parties (steel moor).
Cette technique consistait à effectuer une incrustation (une greffe) sur des bois tendres, renforçant et équilibrant ainsi la lance grâce à un matériau plus résistant.
L'équilibre parfait est atteint lorsque le poids du fer et celui du bois sont répartis de manière à ce que le centre de gravité se trouve exactement au milieu de la longueur de la flèche.
Le fer des pointes doit être de bonne qualité pour percer les différentes protections. Selon Jean du Plan Carpin, « les fers des flèches doivent être travaillés à la manière des Tartares, c'est-à-dire en les trempant dans de l'eau salée tant qu'ils sont chauds afin de les rendre suffisamment durs ». Une pointe de flèche en fer forgé pèse en moyenne trente grammes. Chaque carquois contient généralement dix-huit flèches, voire vingt-quatre dans certains cas.
Au Moyen-Âge, il était commun de dire :
    — Dix-huit flèches, dix-huit morts.
Les pointes larges, avec leurs lames tranchantes, pouvaient facilement transpercer les vêtements de cuir des troupes mal protégées. À l'inverse, les pointes fines perdaient en efficacité quand elles pénétraient dans un matériau épais.
L'avènement d'armures plus résistantes a entraîné l'utilisation de pointes en acier et de tailles réduites. Au XIIIe siècle, des pointes plus lourdes et plus compactes en forme d'olive, à section carrée, triangulaire ou encore ronde font leur apparition.
Les flèches de guerre peuvent être classées en plusieurs catégories :

Gerbées : ce terme vient de l'anglais sheaf, qui signifie « ballot », « paquet » ou « botte ». Il est utilisé lorsque les vingt-quatre ou trente flèches de la botte présentent toutes le même grain.

Standard : Lorsque la fabrication d'une flèche doit respecter une longueur légale, ou plus probablement parce que la fabrication complète de la flèche est soumise à une réglementation fixant son poids entre trente et cent grammes, selon le bois et la pointe utilisés.

Selon Roger Ascham, le frêne semble avoir été l'essence utilisée pour la flèche de guerre, car il allie à la fois résistance, légèreté et souplesse. Les fûts sont constitués de deux bois : à l'arrière, un bois lourd pour contrer le poids de la pointe, et à l'avant un bois plus léger. Le montage est effectué en méthode dite « queue de billard » ou « queue-de-rat ». Certaines flèches étaient entourées d'un cercle de métal, en ancien français, « frète », signifie un cercle de fer qui sert à lier un morceau de bois pour l'empêcher de se fendre. Par conséquent, on entourait le bois de certaines flèches d'un petit cercle de métal pour les rendre plus solides.
Le choix des enferrons ou des pointes est très vaste. Les flèches les plus primitives étaient d'un seul tenant, avec une pointe durcie au feu. On pouvait les arracher sans difficulté ni surprise. S'ajoutent les nombreux autres modèles munis de fers de toutes formes montés sur des fûts. Ceux-ci doivent avoir une bonne rigidité pour encaisser la puissance de l'arc, entre quatre-vingt et cent quatre-vingt livres,

mais aussi être assez souples pour résoudre le paradoxe de la flèche en sortie d'arc et éviter la casse. Cette grande variété rendait la tâche des chirurgiens extrêmement complexe sur les champs de bataille.

En effet, pour traiter, ils devaient d'abord analyser la nature des différents projectiles, car il aurait été trop facile que les archers utilisent tous le même type de flèche !

LES ENFERRONS OU POINTES

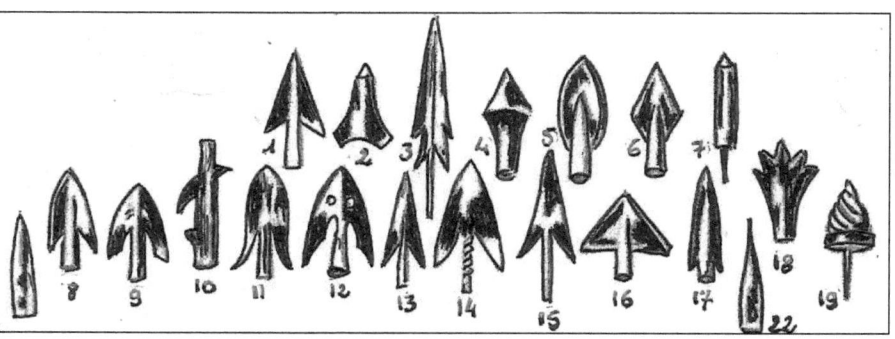

Fig. A

L'enferron peut prendre diverses formes, telles qu'une simple pointe **(4)**, un losange **(6)**, un lancéolé **(5)**, un ergot ou un harpon (simple, double ou quadruple) **(21/22)**, un poinçon ou une alêne **(21/22)**, un crochet recourbé (11), un crochet à dents de vipère ou de scie **(3)** ou Passadouz, un crochet à pointe mobile qui reste dans la chair quoi qu'on fasse (10), un crochet à pointe composite, un grappin à trois branches ou un hameçon **(18)**.
On peut regrouper les Enferrons dans les catégories

suivantes :

L'ENFERRON EN POINTE : (fig. A, p. 7, 21 et 22).

Cet instrument diabolique vise à atteindre une pénétration maximale, ce qui explique sa surface de contact minimale. Plus la pointe est lourde, plus la pénétration est profonde, mais sur une distance limitée. Ces pointes sont désignées sous le nom de « bodkins » par les Anglais. Leur poids moyen varie entre 10 et 20 grammes, selon leur longueur. L'analyse d'une de ces pointes a révélé un taux de carbone de 0,35 %, ce qui témoigne du savoir-faire des forgerons de l'époque. De plus, une chauffe à 900° et un refroidissement à l'eau auraient pu entraîner une dureté accrue.

L'ENFERRON EN LAME : (fig. A : 5, 6, 8, 9, 11, 12, 13, 14, 15 et 16).

Cet enferron possède un tranchant parfaitement affûté, ce qui entraîne des hémorragies abondantes.

L'ENFERRON A BARBELÉ : (fig. A : 1 à 3 et 8 à 10 [XIVe siècle] et 11 à 16 et 18 [XVe siècle]).

Le nom de cet engin infernal vient du mot « barbel », qui signifie « épine » en ancien français. Ses longs bords tranchants occasionnent des blessures très larges, et son poids lui permet d'entrer profondément. On a percé des trous dans les douilles de ces pointes pour pouvoir les attacher au fusil et ainsi éviter qu'elles tombent. Ces pièces sont délicates à fabriquer, ce qui fait que leur coût est élevé. Conçues pour empêcher la flèche de s'enfoncer plus profondément, les barbelures causent souvent des blessures graves, voire mortelles, en raison de leur difficulté d'extraction et de leur capacité à contaminer rapidement les plaies.

L'ENFERRON À SOIE : (fig. A : 3, 7, 19).

Cet enferron présente un pédoncule qui permet de le fixer dans une fente pratiquée dans le fût de la flèche. Il est ensuite enduit de goudron végétal et attaché. Ce système semble être plus résistant que l'emmanchement à douille.

L'ENFERRON À DOUILLE (fig. A : 1, 4, 5, 6, 8, 10, 11, 12, 16 et 17), serti (fig. A : 2 et 18), vissé (fig. A : 14) (plus rares), ou piqué (fig. A : 19). :

Cet enferron est emboîté.

L'ENFERRON TYPE COUPE-JARRET ET COUPE CORDAGE (AMARRES) : (fig. B : N° 1, 2, 3 et 4).

Cet enferron avec sa lame en forme de hache permet de trancher sans pénétration. Son objectif est de causer une douleur aiguë aux chevaux en sectionnant les tendons de leurs membres, ce qui entraîne le chaos dans la cavalerie, ou de trancher les cordages des navires. Son utilisation est étonnante et entourée de mystère, car il doit être difficile de toucher la jambe d'un cheval en plein mouvement. De plus, considérant la dimension des cordages de chanvre des navires et la taille imposante de ces monstres, et, compte tenu du fait qu'une flèche doit voler parfaitement horizontalement pour être efficace, il aurait fallu des cordages extrêmement tendus pour les sectionner, sans oublier que la pointe de la flèche aurait dû frapper la corde à un angle droit. Cela implique beaucoup de paramètres à considérer pour assurer une véritable efficacité.

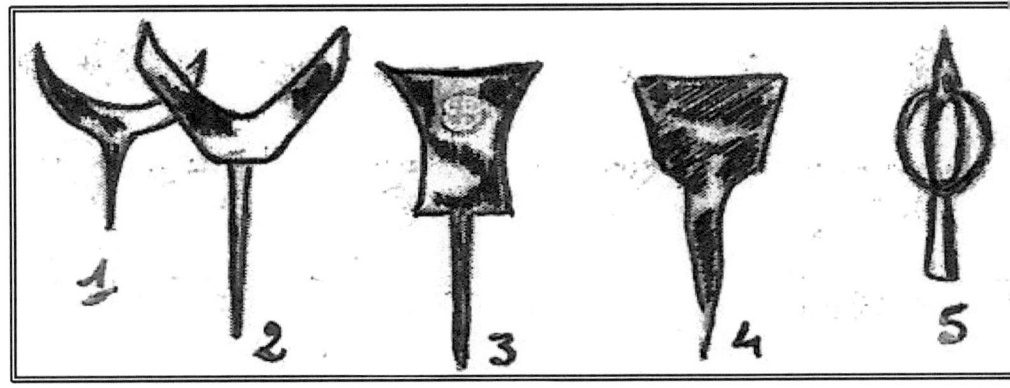

Fig. B :

L'ENFERRON PLOMBE OU PLOMMÉ :

Cet enferron est volontairement alourdi par du plomb ou par une hampe de bois très dense. Le centre de gravité est déplacé vers la pointe, ce qui augmente considérablement la pénétration, mais limite la portée, surtout après un tir en parabole.

L'ENFERRON « VOLET » :

Cet engin redoutable est employé dans des manœuvres militaires. Il permettait de tromper l'ennemi sur la distance qui le séparait de l'adversaire. En effet, les flèches avaient une longue portée et un poids très faible.

L'INCENDIAIRE DE L'ENFER : (fig. B : N° 5)

Cet enferron présente quatre branches destinées à maintenir l'étoupe imprégnée de poix ou autre combustible qui sert à incendier. Le carrelet, situé à l'extrémité, permet à la flèche de s'enfoncer profondément dans la cible à incendier. Les branches s'écartent à l'impact, ce qui permet au produit incendiaire d'entrer en contact maximal avec le bois à brûler. Il était utilisé pendant les sièges et servait également à envoyer des morceaux de viande infectés, facilitant ainsi la propagation de maladies.

Au début de la « guerre » de Cent Ans, Édouard III ordonne que ses armées soient pourvues de 500 arcs bruts vernis et d'un lot de 24 000 flèches. Cette quantité peut paraître énorme, mais elle est bien en dessous des besoins réels lors d'une bataille, étant donné la cadence des tirs des archers (8 à 12 par minute) : le carquois se vidait rapidement. Deux solutions étaient envisageables pour résoudre ce problème : soit récupérer les flèches ennemies, soit faire appel aux convois de munitions qui devaient toujours accompagner les archers. Les chariots n'étant pas toujours disponibles au bon moment, les belligérants désigneront des valets d'armes pour ramasser les flèches envoyées par l'ennemi, afin de les réutiliser. Cette mission était extrêmement risquée.

La corde.

Les archers ont besoin de deux types de cordes pour leur arc :

— Une corde épaisse composée de plusieurs fils, elle est donc plus sûre pour l'arc et plus stable pendant le tir, mais elle est aussi plus lente. Elle est idéale pour les tirs précis.

— Une corde fine avec peu de fils, elle est donc moins sécuritaire pour l'arc, mais elle permet de réaliser des tirs plus longs.

Compte tenu des différentes utilisations des arcs, durant une bataille, il est dans l'intérêt des archers d'avoir deux jeux de chaque type de corde.

Ce matériel nécessite quelques additions. Tout d'abord, une petite épée, appelée « dague », doit être incluse. Ensuite, un petit bouclier en forme de disque, connu sous le nom de « rondache », est indispensable. Finalement, un marteau, servant à enfoncer des pieux, complète cette panoplie. La dague, une arme maniable et acérée, semble avoir fait son apparition au cours du XIIIe siècle. Au XIVe, elle était utilisée par les fantassins pour poignarder les chevaliers après qu'ils aient perdu leur monture. Les archers portaient fréquemment des dagues longues, mesurant environ 50 centimètres, à double tranchant, semblables à de petites épées. Grâce à sa taille et à sa capacité de pénétration, la dague devint l'arme de choix pour les assassinats. Elle fut également utilisée pendant les combats, en même temps qu'une épée tenue à deux mains, et elle reçut le nom de « main gauche » au XVIe siècle.

Les tenues.

La récente réforme militaire a entraîné des changements dans l'apparence des soldats.
En raison des contraintes budgétaires, les hommes et femmes en uniforme ne peuvent plus s'offrir le luxe des vêtements d'autrefois. Cependant, ils ne sont pas encore obligés de porter l'uniforme.

L'équipement de l'archer est composé de vêtements civils et militaires. Les vêtements décontractés comprennent des sous-vêtements conçus pour le confort, en fonction du matériau utilisé. Son sac contient des slips avec une poche à lacets devant, pour faciliter les besoins naturels, des chemises ou des chaînes ou des cainsil à manches mi-courtes, blanches ou écrues, en serge ou depuis le XIIIe siècle, en lin que l'on change toutes les deux semaines environ. On trouve aussi des braies, un type de slip, soit en forme de tube, soit avec des chaussettes intégrées pour plus de stabilité pendant les mouvements. Il y a aussi une cape ou un manteau porté sur les épaules. Par temps froid, il porte une cotte en laine, une longue tunique s'arrêtant aux genoux et serrée à la taille par une ceinture et un long gilet sans manches : le pelisson, un vêtement composé d'une fourrure enfermée entre deux étoffes. Les archers ont généralement une tenue légère pour faciliter leurs déplacements à pied. Les vêtements militaires sont plutôt défensifs. Sur la tête, l'archer porte une cervelière, une petite coiffe de mailles ou de fer qui protège la partie supérieure du crâne. Elle était utilisée sous le grand heaume, un casque imposant, durant la fin du XIIIe et le début du XIVe siècle. Par la suite, ce casque va évoluer vers le bassinet, un casque en métal à face ouverte qui remplacera progressivement le grand heaume du XIIIe siècle.

Occasionnellement, il possède un camail, protection couvrant la tête et les épaules. Fait d'abord de cuir, il est ensuite renforcé de plaques de fer ou d'anneaux, puis composé de mailles. Le camail de mailles est utilisé avec le haubert, qui s'attache au bassinet, et qui protège le menton et le cou. Cependant, cette armure disparut progressivement vers la fin du XIVe siècle, supplantée par l'armure de plate. Toutefois, dans la plupart des cas, l'archer préfère une protection légère et pratique : la salade. Le design peut varier considérablement d'un pays à l'autre, mais la variété la plus populaire prend une forme circulaire.

Son appellation dérive du terme latin tardif « caenum », qui se traduit par « ciel » ou « voûte ». Ce mot a évolué en « celata » en ancien italien, puis en « salade » en français, sans qu'il faille la confondre avec le terme « barbute », également désigné sous le nom de « salade italienne ».

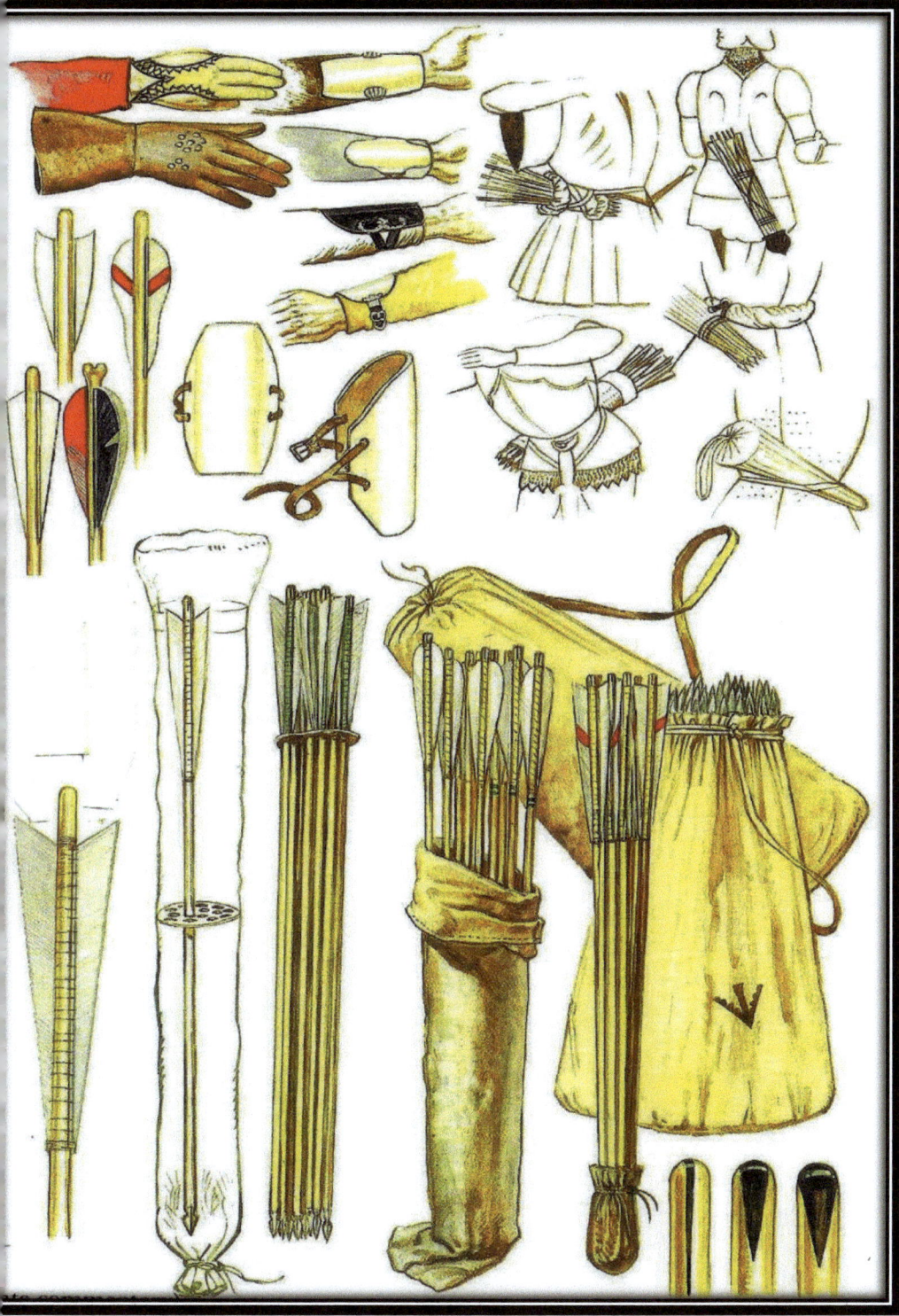

Pour se protéger le torse au XIIIe siècle, les archers portent la broigne, une sorte de cotte de mailles en cuir.

Au XIVe siècle, cette protection est remplacée par le gambison, un vêtement matelassé des deux côtés, fait de couches de tissu superposées. La futaine, une toile très résistante composée d'une chaîne de lin et d'une trame de coton, était le tissu le plus utilisé pour sa fabrication. Le gambison s'arrête au genou et possède des manches larges et serrées aux poignets. Il est généralement porté sous le haubert de mailles, mais il est également porté seul en raison de sa facilité d'enfilage, qui peut se faire par l'avant ou par l'arrière. Les archers l'ont particulièrement adopté en raison de sa fonction protectrice.

Les gambisons ont toujours été portés seuls, mais ont aussi souvent été utilisés sous une autre protection. Par exemple, une cotte de mailles est une armure légère portée sous une défense métallique, principalement pour amortir les chocs et maintenir en place la protection métallique grâce à des lacets et des boutons cousus sur la cotte. Il était possible de le renforcer avec des pièces métalliques cousues, telles que les « chaînes de jaques », sur les bras.

En effet, après un certain nombre de modifications, les jaques perdaient souvent leurs caractéristiques pour se transformer en défenses hybrides.

Vers 1350, lorsque la cotte de mailles cède progressivement sa place à l'armure de plaques, le gambison se renforce avec des pièces d'armure en acier (cubitière, colletin, genouillères). Vers la moitié du XVe siècle, un nouveau vêtement anglais fait son apparition : le jack (jaque, en français).

Un Jack

Le « jack » plus court, qui sert de protection dans un combat. Il peut être utilisé seul ou combiné avec une autre protection pour la renforcer. Ce type de défense remonte à des temps immémoriaux.

Dès que les armées sont devenues professionnelles et que les campagnes ont duré plus longtemps avec l'afflux de mercenaires, les soldats ont rapidement préféré une protection composée de plusieurs couches de lin superposées, plus légères et plus faciles à entretenir qu'une armure métallique.

Ce vêtement arrive à mi-cuisse et présente des surpiqûres verticales et horizontales pour former un motif en damier ou en diagonale. Les jaques sont souvent équipés de manches amovibles. Il s'agit d'un vêtement rembourré ou multicouche, conçu pour assurer une protection optimale lors des combats. Il est devenu le choix préféré des archers. Il peut s'associer avec d'autres pièces vestimentaires protectrices, comme le gambison ou la cotte de mailles, mais il est généralement porté isolément. Les jaques étaient faits à partir des matières courantes trouvées sur place, comme le tissu de coton, de lin, de soie, de laine, le feutre ou encore le cuir. Les rembourrages étaient confectionnés à partir de divers matériaux, tels que la laine, le coton, le lin, le crin de cheval ou les poils d'animaux.

Ils se révélaient très efficaces pour parer les chocs, mais également pour protéger contre les armes tranchantes et les flèches. La fabrication des boucliers dépendait de l'épaisseur et de l'assemblage des matériaux, certains pouvant atteindre dix kilos au XVe siècle.

Louis XI tenta de réglementer la production de ces équipements pour les archers francs, dans le but de remplacer les broignes en peau de cerf. Dans son ordonnance, il est écrit : « On n'a jamais vu une demi-douzaine d'hommes tués par des coups de poignard ou des blessures causées par des flèches avec de tels habits. »

En 1483, les soldats du duc de Gloucester sont décrits comme ayant des tuniques amples rembourrées de flanelle. Ils disent que, plus les tuniques sont souples, plus elles résistent aux impacts des flèches et des épées, qu'elles sont plus légères en été, et plus pratiques en hiver que le fer.

Sous une défense métallique, comme une cotte de mailles ou un corselet d'armure, les jaques permettaient d'amortir les chocs et de protéger des flèches. Au XVe siècle, une flèche ne pouvait pas percer une armure épaisse d'un centimètre, même si elle était renforcée par un gambison de qualité.

Les jaques étaient confectionnés avec les matériaux disponibles localement, tels que le coton, le lin, la soie, la laine, le feutre, etc. Les bourres sont confectionnées par des artisans qualifiés à l'aide de matériaux tels que la laine, le coton, le lin ou le crin de cheval. Effectivement, bien que plus faciles à fabriquer que les broignes, les cottes de mailles ou les armures, les vêtements de protection nécessitent un savoir-faire pour préserver les qualités recherchées, notamment :

La robustesse :
Elle dépend du type de couture, des tissus, du rembourrage et de la forme. Par exemple, les jaques rembourrés étaient très compartimentés, de manière à ce qu'une éventuelle déchirure n'entraîne pas la perte totale du rembourrage.

La souplesse :
Elle dépend des tissus, des rembourrages et de la façon dont l'ensemble est assemblé. La manière dont le jaque est utilisé et entretenu (par exemple, les bourres se tassent à l'usage, les tissus peuvent se resserrer au lavage ou au mouillage) affecte sa durabilité dans le temps.

Le poids et la robustesse sont étroitement liés. En effet, plus un vêtement est lourd, plus il sera solide. Cela est particulièrement vrai pour les vêtements fabriqués à partir des mêmes matériaux.

Le confort :
C'est également un aspect crucial. Un vêtement ne

doit pas entraver les mouvements, ne doit pas être trop chaud pendant les mois d'été, et doit être imperméable. Il est important de noter que le poids d'un vêtement en coton de 10 kg peut doubler lorsqu'il est mouillé, sans compter les difficultés de séchage, surtout par temps froid.
L'entretien :
La réparation est à la portée de tout soldat. En revanche, le lavage et surtout le séchage de l'uniforme sont les problèmes les plus fréquents.
Le prix :
Les jaques étaient généralement abordables, comparativement à d'autres protections, ce qui représentait un avantage considérable.

En France, Louis XI nous fournit des informations sur l'habillement des archers. Il souhaite également limiter l'importance de leur équipement pour qu'ils puissent mieux se déplacer :
— « Leurs faux doivent être recouverts de jaques épais, soit de trente toiles, soit au moins de vingt-cinq, avec un cuir de cerf. *Les toiles légères et usagées sont les meilleures. Les jaques doivent être composés de quatre pièces et les manches doivent être aussi solides que le corps.* » Il est crucial que l'emmanchure soit spacieuse, permettant à la manche de se glisser près du col et non pas sur l'os de l'épaule. De plus, le jaque doit être ample sous l'aisselle et bien rembourré. Le col ne doit pas être trop haut à l'arrière pour ne pas gêner la partie postérieure du casque (ce que l'on appelle l'amour de la salade). Le jaque doit être lacé devant avec une pièce sous l'endroit où l'on attache les lacets. Pour

assurer le confort de l'homme, son pourpoint doit être sans manches ni col, épais de seulement deux couches de tissu, et ne mesurer que quatre doigts de large sur l'épaule. Il peut ensuite y glisser ses jambières, ce qui lui permettra de bouger librement à l'intérieur de son vêtement. De cette manière, il sera à l'aise et ne risquera pas d'être tué par une attaque au corps à corps ou à l'aide d'une flèche, car on n'a jamais vu un tel vêtement être utilisé pour commettre un meurtre. »

Au cours de la seconde moitié du XVe siècle, l'utilisation croissante des armures entraîna l'émergence d'une version plus épaisse du Jaque (Jack), qui fut nommée Arming Doublet en Angleterre et brigandine en France. Cette protection se distinguait par son apparence de vêtement « civil », ce qui lui valut son nom français dérivé du mot « brigand », les hors-la-loi l'utilisant pour tromper des victimes naïves.
Ce vêtement est fabriqué à la main par des artisans experts. Il s'agit généralement d'un corset en acier, souvent dépourvu de manches, constitué d'une série de plaques de métal entrelacées et recouvertes de deux couches de cuir. Les plaques sont solidement attachées par des trios de rivets, également connus sous le nom de « clous », qui présentent une tête visible à l'extérieur. Ils portaient une armure qui couvrait leur poitrine, leur ventre, ainsi que la partie haute de leurs hanches. Parfois, ils ajoutaient des protections pour les bras et les cuisses.
En France, les autorités militaires autorisaient les Francs-Archers à ne pas porter la brigandine, une

pièce trop lourde qu'ils étaient heureux d'enlever lorsqu'elle était sur leur dos. Par conséquent, ils ne portèrent que le jaque. Les Français se sont souvent moqués de notre milice nationale, comme l'a fait le poète François Villon, qui décrit un franc-archer de Bagnolet : « Avec un pourpoint de chamois, farci de bourre sus et sous,
Un grand méchant anglais
À qui pendaient jusqu'à ses genoux. »

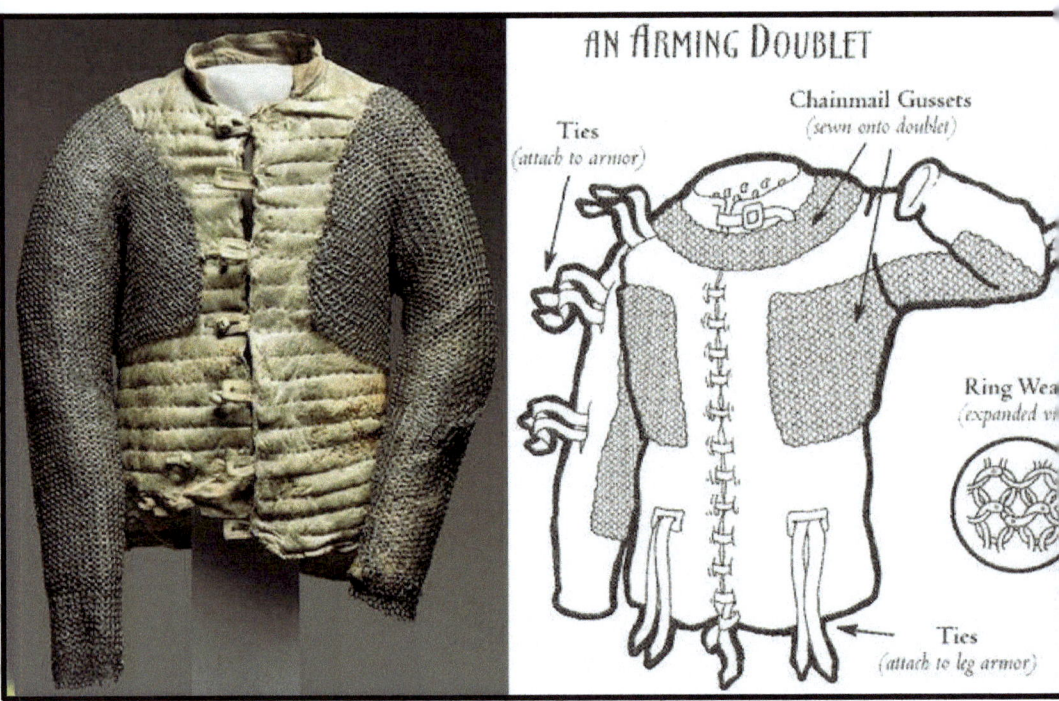

**Archers en campagnes
Détail d'une scène de bataille XVe siècle.
(British Library Cotten MS Julius E IV f 20v)**
Cette photographie représente un dessin très détaillé de l'habillement, de l'armure et de l'équipement des soldats du XVe siècle. À noter au premier plan la tenue des archers. Sur la cotte de maille, ils portent L'Arming Doublet et la salade sans visière. Remarquez aussi l'épée et la gerbe de flèches portée à la ceinture et non dans un carquois.

Au XIVe et au XVe siècle, les archers portent sur leurs vêtements les armes et les couleurs de leur employeur (seigneur, petit noble, ville, etc.). Ces insignes sont brodés sur les tenues, soit sur la poitrine, soit sur le dos, soit sur les deux côtés.

BRODEQUINS ET BOTTES.

Enfin, leurs pieds sont chaussés. Ces chaussures peuvent être classées en trois groupes : les souliers, les bottes et les brodequins. Les souliers, faits de tissu ou de cuir, ressemblent à nos pantoufles et servent soit comme chaussures intérieures, soit pour être portés avec des bottes. Les brodequins espagnols, quant à eux, sont fabriqués à partir de cuir épais et possèdent une fermeture composée de plusieurs rangées de boucles et de lacets. Ils enserrent la

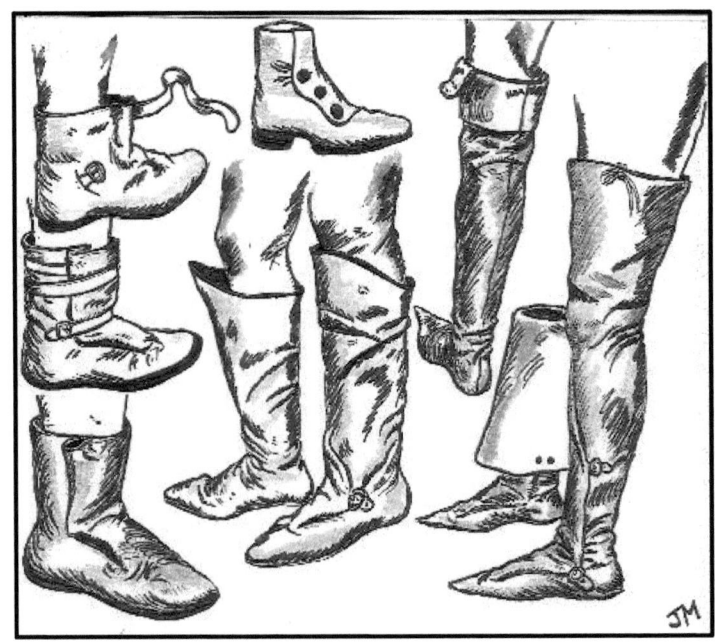

cheville. Enfin, les bottes, également appelées « heuses », sont imperméables, confectionnées en cuir souple et disponibles en rouge ou en noir. On les porte très ajustées, sans talon.

COIFFURES POUR LES ARCHERS.

En dehors des combats, l'archer porte une coiffe sur sa tête. Au Moyen Âge, tous les hommes, quelle que soit leur classe sociale, en portaient une. Il en existait une variété de styles, allant de la cale (un petit bonnet en laine ou en toile) à la calotte en coton et au chapeau à large bord rabattu. Quant aux cheveux, aucune règle spécifique n'est imposée : chacun est libre de choisir sa coiffure. La plupart des archers ont les cheveux mi-longs, parfois coiffés en brosse ou en calotte parfaitement ronde. Bien que les archers soient souvent décrits comme ayant le crâne rasé, aucune directive militaire connue n'impose cette exigence.

LES TACTIQUES DES TROUPES ÉQUIPÉES D'ARMES DE JET.

Au cours des XIVe et XVe siècles, les armées équipées d'armes de jet utilisaient différents types d'armes, tels que l'arc court, le grand arc ou l'arbalète. Ces soldats avaient l'avantage de pouvoir attaquer leurs adversaires depuis une certaine distance, évitant ainsi les affrontements directs. La reconnaissance de leur bravoure par les anciens n'était plus qu'un souvenir, leur savoir-faire étant perdu à jamais.

Les chevaliers médiévaux français régnaient sur leur terre et leur époque. Leur code d'honneur stipulait qu'ils devaient combattre corps à corps un adversaire honorable. Tuer à distance avec un arc était perçu comme une action lâche. La noblesse ne fit donc que peu d'efforts pour améliorer l'efficacité de cette arme. Il devint progressivement manifeste que les archers étaient très efficaces et utiles, que ce soit lors des sièges ou des batailles. De plus en plus d'armées les intégrèrent dans leurs rangs, souvent à contrecœur.

Les archers à pied combattaient en formation compacte de plusieurs centaines, voire de plusieurs milliers d'hommes. À une distance d'environ cent mètres de l'ennemi, une flèche puissante ou une balle d'arbalète pouvait percer une armure. Grâce à leur précision, ils parvenaient à toucher des cibles spécifiques, rendant presque impossible pour l'ennemi d'échapper aux tirs. L'ennemi ne pouvait pas esquiver tous les tirs. Si l'ennemi abandonnait sa protection et chargeait les archers, la cavalerie lourde intervenait pour protéger les archers. Si l'ennemi défendait son territoire sans bouger, les pertes pouvaient atteindre un tel niveau qu'une charge de cavalerie légère suffisait pour anéantir l'adversaire.

En Angleterre, la contribution des archers était reconnue et ils recevaient une rémunération adéquate. Une fois que les Anglais maîtrisèrent l'utilisation des grandes formations d'archers, ils commencèrent à remporter des victoires, même s'ils étaient souvent en infériorité numérique. Les Anglais tirèrent parti de la portée supérieure de leurs grands arcs pour développer la technique du tir de barrage. Au lieu de viser une cible spécifique, les archers anglais concentraient leurs tirs sur la zone occupée par l'ennemi.
Leur fréquence de tir pouvait atteindre 6 ou 12 flèches par minute contre 1 carreau d'arbalète française. Ainsi, 3000 archers pouvaient tirer jusqu'à 18 000 ou 36 000 flèches par minute sur une formation ennemie.
Le tir avait un impact dévastateur sur les montures et les hommes.
À la bataille de Crécy, les 6 000 archers anglais, en tirant une volée toutes les douze secondes, ont envoyé 30 000 flèches en une minute, soit 150 000 flèches en cinq minutes. Chaque flèche pesait environ soixante grammes, ce qui représente un total de neuf tonnes de projectiles. Les chevaliers français ont décrit les cieux comme assombris par les nuages de flèches et le sifflement des projectiles.

Les salves ou les tirs aveugles sont risqués, mais rarement mortels. Ils causent plutôt de graves blessures, perçant bras, jambes, poitrines et visages. Ces tirs paraboliques, atteignant jusqu'à 50 mètres de hauteur et avec un angle très marqué, forçaient les adversaires à se couvrir avec leurs boucliers, ce qui exposait leur corps à d'autres archers experts dans les tirs « directs ». Les chevaux n'étaient pas épargnés. On lit par exemple dans les chroniques de Froissart :

— *« Ils lâchent sur la cavalerie immobile un premier nuage de flèches, comme des bandes innombrables de corbeaux ou de grives obscurcissant l'éclat du soleil lorsqu'elles prennent leur envol. »*

Les soldats mouraient souvent après avoir été touchés par une flèche, surtout si elle avait une pointe à barbelures.
Les salves nécessitaient une quantité considérable de munitions. Pour réussir une salve, il fallait calculer la trajectoire de la même manière que les artilleurs, afin d'éviter qu'elle ne soit ni trop longue, ni trop courte. Ces calculs étaient effectués de manière complètement intuitive. Au Moyen Âge, on croit fermement que la trajectoire de la flèche forme un angle obtus, alors qu'elle décrit en réalité une parabole. Au XVIe siècle, le mathématicien italien Niccolo Fontana, plus connu sous le nom de Tartaglia (1499-1557), sera le premier à s'intéresser à la balistique de manière théorique, comme le montre son ouvrage « Nova Scientia » (1537).
Les archers employaient des flèches légères, appelées

« volets », pour les tirs paraboliques. Ces flèches étaient munies de plumes de canard, de pigeon ou d'oie juvénile. Elles avaient une pénétration faible, mais elles étaient extrêmement rapides. Leur faible poids et leur grande vitesse leur permettaient d'avoir une longue portée, ce qui leur permettait de tromper l'ennemi sur la distance les séparant de l'adversaire.

À l'inverse, les archers utilisaient des flèches volontairement alourdies avec du plomb ou du bois très dense, ce qui poussait l'ennemi à se rapprocher. Le centre de gravité de ces flèches ayant été déplacé vers la pointe, elles avaient plus de force de pénétration, mais une portée plus limitée, surtout après un tir en parabole. Les différents types de flèches de guerre devaient être choisis selon les adversaires et leurs protections : perforantes, tranchantes, assommantes, incendiaires, sonores, etc.

Les flèches sonores provoquaient la déstabilisation, les flèches enflammées et les flèches fusées semaient la confusion. Elles faisaient partie de l'arsenal des archers pour mener une guerre psychologique. Les flèches de signalisation et de messages contribuaient quant à elles au commandement et à la stratégie.

La principale difficulté consistait à protéger les archers pendant qu'ils tiraient. Pour être efficaces, ils devaient se placer relativement près de l'ennemi. L'habitude d'abriter les archers derrière des pieux fichés en terre, la pointe menaçant l'ennemi, remontait à l'époque romaine. Les peuples d'Orient l'avaient conservée. Les soldats anglo-saxons, équipés de javelots, plantaient ces derniers en terre, créant ainsi un mur défensif atteignant jusqu'à

1,50 mètre ou 1,80 mètre de hauteur. Ils les plantaient devant le lieu qu'ils voulaient attaquer. Ces pieux les protégeaient des charges de cavalerie, les tenaient à distance et leur permettaient de se maintenir.

En l'an 1428, près de Beaugency, l'armée anglaise affronte une formation française en ordre de bataille. Sans hésitation, le roi Henri d'Angleterre donne l'ordre que chaque soldat se mette à terre, les archers pointant leurs flèches devant eux, comme ils le font habituellement lorsqu'ils s'attendent à un combat. Cependant, cette position se révèle vulnérable face à une charge de fantassins ennemis.

L'utilisation des archers a varié en fonction des époques et des régions. Il est cependant vrai que les tireurs d'élite ont grandement contribué à la victoire lors des affrontements. Tant que les Anglais réussirent à aligner une armée d'archers expérimentés, ils dominèrent sur les champs de bataille. Cependant, cet avantage eut un effet néfaste bien connu des stratèges militaires : « Le perdant apprend mieux que le gagnant. » Alors que les Français s'adaptaient à de nouvelles méthodes et à de nouvelles stratégies militaires, les Anglais, pris dans des querelles intestines dans la guerre des Roses, connurent un ralentissement dans l'évolution de leurs tactiques.

Les arbalétriers, équipés d'excellentes armes de guerre, se protégeaient derrière leurs écrans de protection, transformant ainsi leurs corps en véritables remparts permettant de tirer.

Cependant, la lenteur du rechargement de l'arbalète la rendait médiocre en terrain découvert. Son emploi

s'avéra beaucoup plus efficace pendant les sièges.
De 1360 à 1490, l'arbalète ne sera pratiquement pas modifiée. Bien que cette arme présente des inconvénients, elle restera très en vogue en France jusqu'à la fin du Moyen Âge.

À la fin du XVe siècle, des unités mixtes de tireurs à l'arbalète et de piquiers sont mises sur pied. Les piquiers étaient utilisés pour repousser les unités de combat rapproché ennemies, tandis que les arbalétriers tiraient sur l'infanterie adverse. Ces unités hybrides ont appris à se déplacer et à attaquer en collaboration. La cavalerie adverse devait presque toujours se retirer devant cette force mixte et disciplinée. Si l'ennemi ne pouvait pas répliquer en utilisant la même technique, il avait peu de chances de remporter la victoire.

Alors, quel est le meilleur, l'archer ou l'arbalétrier ?

L'arc long est plus rapide, mais il nécessite une trajectoire en cloche et offre une pénétration intéressante, mais limitée sur un bon pavois. L'archer est mobile au pas de l'infanterie et tire plus vite, mais cela nécessite beaucoup d'entraînement et de réglage de tir.
L'arbalète a une portée tendue bien plus longue et aucune protection ne résiste à son tir. L'arbalétrier est relativement immobile, il plante son pavois en terre et ne bouge plus. Il est aussi plus vite formé que l'archer.
En fait, tout dépend de la situation tactique : en toute rigueur, les archers seront supplantés par les

arbalétriers à distance, mais les cordes des arbalètes peuvent être distendues et réduire ainsi leur portée. Les arbalétriers ont la capacité de parer à l'assaut d'une infanterie bien équipée ou d'une charge de cavalerie, tandis que les archers peuvent inonder l'air de leurs flèches. Tout dépend de la protection. L'impact psychologique des tirs d'arbalète est considérable. Les survivants ont souvent tendance à se protéger ou à fuir.

L'organisation militaire.

Les troupes étaient alignées en formations appelées « batailles », composées de trois lignes. Dans un premier temps, seuls les chevaliers, en contournant les fantassins par les ailes, lançaient l'assaut et harcelaient l'ennemi, puis se retiraient derrière leur ligne si l'attaque n'avait pas été décisive. Les tireurs à l'arc, les arbalétriers et les piquiers restaient immobiles. Ensuite, les archers entamaient leur tir pour assainir le terrain, suivi par les lanciers et les piquiers qui chargeaient à pied. Enfin, les cavaliers arrivaient, ce qui donnait lieu à une immense mêlée. Les archers devaient également parer les assauts adverses. Parfois, ils étendaient leurs ailes jusqu'à former un cercle complet pour encercler l'ennemi téméraire.

Voici le dispositif des troupes françaises dans chaque affrontement :

PLACES		POSITIONS
RANG 3	ARRIÈRE	SERGENTS A CHEVAL / CHEVALIERS SERGENTS A CHEVAL
RANG 2	CENTRE	ARCHERS / ARBALÉTRIERS
RANG 1	AVANT	PIQUIERS

L'armée anglaise marchait et se battait en formation de trois *wards* (gardes), chacun comprenant trois rangs.

PLACES	POSITIONS (termes français)	POSITIONS (termes anglais)
BATAILLE 3	L'ARRIÈRE-GARDE	THE REARWARD
BATAILLE 2	LE CORPS DE L'OST	THE MAIN ou (MIDDLE) WARD
BATAILLE 1	L'AVANT-GARDE	THE VANWARD

Chaque échelon désignait un chef et un adjoint. Le commandement général était habituellement confié au commandant du *mainward*.

Concernant l'organisation dans chaque rang, les commissions des formations indiquent la répartition des hommes, en compagnie de vingt, cent, ou, si le nombre le justifie, 1 000 hommes.

Un groupe de vingt hommes est dirigé par un « vintenar », qui contrôle les actions de dix-neuf autres hommes.

126

Cinq escouades de vingt hommes sont rassemblées en une unité de cent hommes dirigée par un « centenar ».

Dix groupes de cent hommes sont ensuite combinés pour former une troupe de mille hommes sous les ordres d'un « millenar ».

Au milieu du XVe siècle, le centenar était généralement appelé « captain », et, à ce titre, il était aidé par des sous-officiers connus sous le nom de Petty-Captains (Petits-Capitaines).

En réalité, le titre de capitaine est devenu un terme courant qui pouvait être attribué à tout commandant d'un corps d'armée, qu'il soit noble ou issu du peuple.

On trouve également des compagnies de troupes spécialisées sous contrat, les « miners », composées de groupes de vingt à 100 hommes, et même des compagnies d'archers supplémentaires engagées hors des contrats de retenue.

Ce type d'engagement, qui est particulièrement populaire pendant les périodes de paix, offre plusieurs avantages, bien qu'il soit sujet à des variations importantes au fil des ans.

Une question se pose :
« Le système de contrat servait-il uniquement de levier pour recruter le plus grand nombre d'hommes en cas de conflit ou était-il un moyen de former des unités de combat ? »

Au cours du XIVe siècle, les armées anglaises comptaient trois archers pour chaque homme d'armes. Pendant les campagnes militaires de 1415, la plupart des compagnies avaient deux à trois archers pour un homme d'armes à pied.

En 1428, le roi et le comte Thomas de Salisbury signent un contrat pour l'embauche de 1 800 archers à cheval et de 600 hommes d'armes.
Le contrat comprend même une clause permettant d'échanger quatre hommes d'armes contre quatre artilleurs, ou encore dix archers contre dix « miners » payés respectivement vingt deniers et neuf deniers par jour.

Au milieu du XVe siècle, ce ratio s'établit à « cinq pour un », soit 3 000 archers pour 600 hommes d'armes, puis à « six pour un », soit 3 600 archers pour 600 hommes d'armes. Il atteint finalement un rapport de « huit pour un », soit 4 800 archers pour 600 hommes d'armes, lors des expéditions en France vers 1475.

Cette situation découle de l'importance des archers dans la stratégie militaire anglaise, ainsi que d'un ralentissement dans le recrutement des soldats, dont les conditions sont moins favorables. À long terme, cela entraînera un déclin de la qualité globale des armées anglaises au milieu du XVe siècle. Cependant, cela aura permis de remporter des victoires éclatantes (Crécy, Poitiers, Azincourt, Formigny).
Il est courant de lire que les soldats anglais du Moyen Âge ne recevaient pas de formation militaire et apprenaient sur le tas. C'est pour cette raison qu'ils étaient très recherchés après leur expulsion de France en 1453.
Le chroniqueur Philippe de Commynes (historien français, 1447-1511) qui servit Charles le Téméraire

écrit :
— « *Les Anglais étaient des soldats inexpérimentés et non aguerris, ignorants des manières françaises* ».
Malgré tout, ils savaient se révéler redoutables sur un champ de bataille ! »

Finalement, on sait quels moyens les dirigeants britanniques ont mis en place pour former et entraîner leurs hommes à l'utilisation de l'arc. Philippe de Commynes finit par reconnaître la valeur des archers bourguignons, qui ont la même formation et les mêmes techniques que leurs alliés anglais :
— « *Les archers bourguignons ont acquis une grande valeur grâce à leur expérience dans leur activité. Les Anglais les considèrent comme des gens précieux, ce sont les meilleurs archers du monde* ».

Les salaires.

En Angleterre.

Le salaire des soldats est resté remarquablement constant et stable pendant les deux siècles.
Au XIVe siècle, les frais d'engagement et de prestation des archers anglais s'élevaient généralement à :
— Six pence par jour pour un archer monté opérant en Angleterre et en France.
— Quatre pence par jour pour un archer monté

opérant en Écosse.
— Trois pence par jour pour un archer à pied opérant en Angleterre et en France.
— Deux pence par jour pour un archer à pied opérant en Écosse.

Ce qui correspondait à un salaire élevé à cette époque.
Les véritables changements ont lieu au XVe siècle, lorsque les montants des salaires deviennent uniformes à six pence par jour pour tous les types d'archers, montés ou à pied, peu importe où ils se trouvent, sauf pour ceux de la garnison anglaise, qui ne recevaient que quatre pence/jour.
Liés par contrat, les archers sont payés un trimestre d'avance.
Toutefois, il semble que les versements répartis sur six semaines aient été assez fréquents.
Souvent, le contrat stipule ce qu'il advient si le paiement n'est pas effectué. Certains prévoient même une période de grâce d'une semaine.
En cas de non-paiement, l'accord peut être annulé et le créancier peut quitter les lieux sans subir aucune forme de punition.
D'habitude, le premier versement est fait par des commissaires du Roi, devant les soldats rassemblés, en présence de leur supérieur. Ils vérifient alors que le nombre d'hommes ainsi que leur grade correspondent bien aux informations contenues dans leurs registres. Pour les paiements trimestriels suivants, les troupes devaient être rassemblées et inspectées.
Les commissaires s'assuraient du paiement, peu

importe l'endroit où se trouvaient les soldats. Dans le cas d'un soldat qui aurait été absent pour cause de maladie, les commissaires vérifiaient si le motif était valable. S'il n'était pas considéré comme tel, les jours d'absence étaient alors soustraits du salaire de l'archer, qui recevait un certificat attestant son non-paiement.

Dans tous les contrats, on peut accorder une absence des obligations militaires, mais cela entraîne une réduction proportionnelle du salaire. Il est important de considérer que le salaire n'est pas la seule source de revenus pour un archer. Il faut aussi tenir compte des parts des rançons et du butin. Pour ce qui est de l'archer aux retenues, il était payé annuellement. Il pouvait donc compter sur la richesse et la générosité de son employeur. Le plus bel exemple est celui de David, un archer household de Sir John Howard, qui gagne 10 livres par an.

C'est beaucoup d'argent, en plus duquel on doit compter le paiement des vêtements et... une maison pour sa femme !

En France.

Les archers et arbalétriers recevaient un salaire mensuel, que le roi soit en guerre ou non.
Pour financer leurs salaires, un impôt fut institué : la taille des gens d'armes.
Sous Charles VII :

— Un noble chevalier percevait quinze francs par mois pour lui-même, son page, son coutilier et ses trois chevaux.

— Un hallebardier recevait quant à lui cinq francs

mensuels.
— Un archer gagnait sept francs et demi, soit sept livres dix sous, par mois pour lui et son cheval.

Pour bien comprendre l'importance de ces salaires à l'époque médiévale, nous avons besoin de points de comparaison. Voici deux exemples.

- En France, un maître artisan exerçant une profession considérée comme étant de grande valeur, celle de tailleur de pierre, gagne trente deniers par jour, soit environ trois £ quinze par mois.

- En Angleterre, le salaire d'un laboureur hautement qualifié, un ouvrier très recherché à cette époque, est fixé à treize shillings par mois selon les statuts des laboureurs anglais de 1351.

Il est ardu de se représenter la valeur de ces rémunérations à l'époque médiévale, car il est impossible de les convertir en termes monétaires actuels. Pour nous donner une idée de leur pouvoir d'achat, il est préférable de découvrir les prix de quelques biens et services de cette époque.

PRODUITS	ANNÉES	QUANTITÉ	PRIX
ARC	1450	1 pièce	1 livre
BAIN EAU TIÈDE	1380	1 personne	4 pence +1 pour la serviette
BAIN VAPEUR	1380	1 personne	2 deniers + 1 pour la serviette
BAIN VAPEUR+BAIN D'EAU	1380	1 personne	8 deniers + 1 pour la serviette
BEURRE SALE	1419	1 livre	4 sous parisis
BIÈRE	Moyen Âge	¼ litre	1 penny
CANARD	1561	1 animal	3 pence
CHANDELLE	1428	1	7 sous
BRIGANDINE	1436	2 pièces	31 livres 1 sol
BRIGANDINE	1447	1 pièce	30 livres 5 shillings (à clous argentés)
BRIGANDINE	1447	1 pièce	48 livres 2 sous 6 deniers (à clous dorés)
CHAUSSES	1420	1 paire	2 francs ou 40 sous
CHEVAL : location	XIVe siècle	1 journée	16 deniers
CORSET BRIGANDINE	1465	1 pièce	8 écus d'or
DAGUE	1411	1 pièce	4 sous parisis
DAGUE	1450	1 pièce	14 shillings
ENTRETIEN SOLDAT	1350	1 an	180 livres

PRODUITS	ANNÉES	QUANTITÉ	PRIX
ÉPÉE LONGUE	1450	1	2 livres 5 sols
ESCORTE	1419	pour une lieue	16 a 20 sous parisis (en temps de guerre)
FROMAGE BLANC FRAIS	1418	1 pièce	16 deniers parisis
FROMAGE BREBIS	1418	1 pièce	17 a 18 deniers
FUTAINE	1420	1 aume	16 sous parisis
JAQUE	1450	1 pièce	5 livres
SOIN A UN CHEVAL	1295	1 animal	5 sous
SALADE	1450	1 pièce	4 livres
VIN	XIVe siècle	1 bouteille	1 denier à 1 sol
VIN	XVe siècle	1 pinte	2 deniers
PAIN	1380	1 pièce (grosse miche)	1 denier
HARENG SAUR	1419	1 pièce	6 pence

La discipline.

Tous les archers anglais doivent se soumettre aux lois et règlements de l'ost, les « Statutes and Ordinances of War », qui sont réaffirmés avant chaque expédition militaire.

Plutôt que d'être lus à une armée rassemblée, des copies des règlements sont fournies aux capitaines des contingents qui ont la responsabilité de les lire et de familiariser chacun des hommes avec leur contenu.

Les armées britanniques sont beaucoup plus disciplinées que les armées françaises, car leurs soldats craignent d'être punis très sévèrement. Ces sanctions peuvent aller de l'amende à la peine capitale, par pendaison ou décapitation. Il n'est pas surprenant qu'une des pires punitions soit réservée au coupable d'un acte mettant gravement en danger la sécurité de l'ost, par exemple, un soldat qui, durant une bataille, crie « Havoc ! » sans en avoir reçu l'autorisation. En effet, ce mot signifiait que l'ennemi avait été vaincu et que le butin pouvait être pris.

La sentinelle qui abandonnait son poste de garde sans permission, devait être décapitée. Les archers qui se faisaient passer pour des capitaines et ceux qui désertaient devaient être pendus ; leurs complices devaient subir le même sort. D'un autre côté, il est clair que les délits mineurs étaient traités avec clémence, les amendes étant courantes et communes.

Aucune description de cour martiale n'a été trouvée, l'archer de base n'y était pas soumis.

Il est faux de croire que des réglementations médiévales imposaient des châtiments cruels, incluant la torture. En réalité, toutes ces lois contenaient des dispositions interdisant les actes atroces et inhumains commis contre la population civile.

En 1415, un décret fut émis pour exécuter quiconque incendierait, sans autorisation, un bien privé appartenant à des particuliers. Les fonctionnaires s'efforçaient activement d'empêcher les abus les plus flagrants.

Néanmoins, les populations, hommes, femmes et enfants, ont été victimes d'atrocités, comme cela s'est produit à Limoges en 1370.

En conséquence, malgré les efforts déployés par les responsables anglais pour contrôler leurs troupes, l'attitude des populations locales françaises dans les zones d'occupation anglaise fut extrêmement hostile.

Les Anglais ne furent pas les seuls à commettre des atrocités. Un chroniqueur français relate que, lors de la reprise de La Roche Derrien en 1347, « l'ost français [a] tué hommes, femmes, vieillards et enfants, sans distinction d'âge, et même des bébés au sein ».

Pour éviter la fureur de la population française, qui tient l'armée anglaise responsable de cette atrocité, des chevaliers bretons devront escorter cette garnison.

La haine entre les deux nations et l'irritation en France après une série d'échecs ont entraîné des allégations de traîtrise et de barbarie de part et d'autre.

Rumeur parmi les Anglais : lorsqu'ils sont capturés par les Français, ceux-ci leur trancheraient trois doigts de la main droite pour les rendre inaptes à tirer à l'arc.

Ainsi, certains affirment que c'est de là que vient l'habitude des soldats britanniques de brandir leurs doigts en forme de « V » pour signifier une provocation.

De son côté, la France, face à la gravité des blessures causées par les flèches anglaises, a accusé ces derniers d'empoisonnement.
Mais, ni l'une ni l'autre de ces affirmations n'est justifiée.
En vérité, la première allégation semble avoir été proposée par les officiers anglais pour électriser l'esprit de leurs hommes en leur insufflant la peur d'être capturés et en renforçant leur détermination au combat.
Quant à la seconde, elle était motivée par la mort de presque tous les blessés, atteints par des flèches anglaises, et ce, non pas en raison du poison, mais à cause de leurs blessures.

La plupart des Francs-Archers étaient des roturiers, et devaient se comporter « noblement », ce ne fut pas toujours le cas. Leurs frasques et leur indiscipline leur attirèrent peu de considération. Délits, crimes de droit commun, ivrognerie : c'est assez bien résumé le comportement des Francs-Archers.
François Villon (XVe siècle), dans le monologue du Franc-Archer de Baignollet, s'en prend de manière satirique aux « chansonne », mettant en évidence leur bravade plutôt que leur courage.
Selon Brantôme, ces individus étaient nombreux, comprenant des voleurs, des couards, des personnes mal équipées et maladroites, des paresseux, des pillards et des gloutons.
Le feu qui a détruit le château d'Amboise est l'un de leurs actes les plus notoires. On peut également mentionner le Franc-Archer Picard, qui a capturé

Jeanne d'Arc le 24 mai 1430, sous les murs de Compiègne.

Les croyances.

Au Moyen Âge, la société est confrontée à une crise économique et militaire, mais aussi à une crise religieuse profonde. Elle est déchirée entre deux obédiences : les « Clémentistes » et les « Urbanistes ». C'est ce qu'on appelle le « grand schisme » qui éclate en 1378 et durera plus de quarante ans.
Le roi de France et ses alliés soutiennent Clément VII, un pape français qui réside à Avignon.
Le roi d'Angleterre et ses alliés soutiennent Urbain VI, un pape romain.
Les deux rois avaient des avantages à avoir chacun leur propre pape, étant donné la puissance et la richesse de l'Église.
Beaucoup de chrétiens sont sincèrement convaincus de la légitimité d'un pape plutôt que d'un autre, mais plusieurs ont perdu leurs repères spirituels et moraux.
Les chrétiens, cloisonnés dans les limites des nations, ont vécu l'absence de la papauté. Deux papes se sont principalement consacrés à se justifier mutuellement. Aucun des deux n'a été capable d'assumer le rôle de guide spirituel ou de mettre en place les réformes nécessaires pour combattre les vices dont souffrait l'Église : nombreuses fausses

vocations, attrait de l'argent, de nombreux religieux dérogeant pour devenir des mercenaires, etc.

Finalement, aucune mesure n'a été prise pour répondre à la sensibilité et aux aspirations nouvelles des fidèles.

À l'époque médiévale, les chrétiens se préoccupent énormément de l'au-delà, car ils croient que leur destin éternel est en jeu sur cette terre. Conscients de leur nature pécheresse, les croyants du Moyen Âge savent qu'ils doivent se repentir et l'Église les y encourage constamment.

La pratique religieuse des archers médiévaux, en temps de guerre, est un aspect de leur vie difficile à comprendre. Toutefois, certains extraits de chroniques médiévales nous éclairent sur cette question.

Des moines et des aumôniers étaient presque toujours « mobilisés » pour accompagner les princes dans les suites de la guerre. Ils étaient là pour organiser les services religieux quotidiens et entendre les confessions.

Il semblerait que les archers anglais du Moyen Âge n'aient pas vraiment de considération pour leur chef spirituel, le pape, ni pour les évêques, bien que l'Angleterre soit encore un royaume catholique à cette époque. Les ecclésiastiques déplorent le manque de respect des soldats envers la religion. Les actes de pillage et de vol dans les églises sont monnaie courante, malgré l'interdiction formelle énoncée dans les règlements militaires. Il faut aussi admettre que les religieux ne respectaient pas toujours l'interdiction du meurtre et du viol. L'archer anglais était prêt à croire en un Dieu dans le ciel et en un diable en enfer. Il devait certainement s'inquiéter de son sort éternel.

Des personnes venant d'autres pays ont remarqué qu'avant une attaque, les archers anglais font un geste en traçant une croix sur le sol, l'embrassent, puis prennent une poignée de cette terre pour la manger (c'est un symbole de la fin de la vie humaine et peut-être du retour à l'état de poussière).

Les archers français et anglais semblaient respectés les jours de fête religieuse et les jours saints. Cependant, il est évident que la superstition occupe également une place significative dans leur existence. Ils portent des fétiches et des amulettes pour prévenir ou guérir des maladies, ou encore pour se protéger de la malchance.

Le plus bel exemple de superstition qu'on connaît est celui de Jeanne d'Arc. De 1429 à 1431, elle impressionna énormément les soldats anglais, notamment pendant le siège d'Orléans. Ils l'appelaient la « Pucelle de Dieu », et nombre d'entre eux avaient peur d'elle. Elle était perçue comme la seule personne capable de contrôler des forces surnaturelles.

Entre le monde paysan et le milieu professionnel.

Les archers sont souvent issus de milieux modestes, mais ils peuvent devenir riches en pillant, en recevant des soldes, et surtout en percevant des rançons après les batailles, comme à Poitiers, où un

archer a capturé un chevalier et a reçu une part de la rançon.
Quelques-uns deviennent dirigeants d'entreprises, soldats de fortune ou commandants.
Les meilleurs archers sont très demandés, bien équipés, et parfois traités comme des gentlemen.

Les rançons.

Toute capture devait être remise au roi, à l'un de ses lieutenants les plus proches, ou encore aux capitaines de sang royal, à leurs lieutenants, à leurs commandants, ou à leurs connétables. Ces prisonniers pouvaient espérer une généreuse indemnité.
Chaque otage pouvait faire l'objet d'une demande de rançon ou être mis aux enchères par ses geôliers. Les récompenses étaient parfois partagées. Par exemple, en Angleterre, au lever du soleil, 1/3 de la rançon devait être versé au commandant général et de ce tiers, un 1/3 était versé au roi. La plus grande partie revenait donc au rançonneur.
Cette pratique s'est rapidement étendue à toutes les casernes des deux nations.
Dans un rapport de la garnison de Tomberlaine daté de décembre 1443 à mars 1444, le clerc chargé des contrôles enregistre les arrivées, les départs, les périodes d'absence des hommes d'armes et des archers, la liste des rançons des prisonniers, la vente des chevaux capturés et des épées. Le montant total des rançons s'élève à 28,17 livres sous 6 deniers. De

cette somme, le capitaine reçoit 9,12 livres sous 6 deniers, le commandant de la garnison, 3 livres 4 sous 2 deniers, le roi, 1 livre, 1 sol 5 deniers, et le rançonneur, le reste.

Le butin sur les champs de bataille.

Les objets volés par les archers et les arbalétriers n'étaient pas inclus dans les rapports, il est donc impossible d'en mesurer l'importance. C'est une action humaine inévitable qui survient à la fin des combats, lorsque les cris et les jurons s'estompent. Des ombres furtives apparaissent alors, travaillant rapidement pour dépouiller les cadavres de leurs armes, vêtements et éventuellement bijoux.
Les rançons et les pillages n'étaient pas imposables, ce qui les rendait très avantageux.

Logement.

Les soldats équipés d'arcs ou d'arbalètes lors des campagnes avaient trois options pour se loger : en garnison, avec un reçu de logement ou sous la tente.
Selon les récits de l'époque, les archers et arbalétriers dans les casernes appréciaient un certain niveau de confort, mais il n'y avait pas d'uniformité dans les normes appliquées à toutes les casernes et forteresses. Ils étaient souvent confrontés à des courants d'air glacés, à l'obscurité et à des conditions de logement inconfortables.

Les archers anglais, munis d'une sorte de « billet de logement » chez l'habitant, étaient précédés par les harbingers (messagers avant-coureurs), qui voyageaient devant les armées et réservaient les chambres.
Les autorités militaires ont attribué des logements pour la nuit aux habitants, conformément à leurs statuts et règlements, dans le but de protéger les habitants et les bâtiments des dommages potentiels causés par les flèches des archers. À l'avenir, les autorités anglaises ont durci ces règles en raison de mauvaises pratiques, mais ces changements n'ont pas toujours été respectés sur le sol français.
Les « harbingers » étaient également responsables de la recherche des sites pour les camps. Ils devaient être établis sur des plateaux élevés, arides, avec une source d'eau et un approvisionnement en bois. Dans les régions difficiles, les humains renforçaient leur campement.

L'approvisionnement.

Les Anglais étaient connus pour leur appétit vorace. Leur alimentation de base se composait de mouton, de bœuf, de porc (souvent salé), de flocons d'avoine, de petits pois, de haricots, de fromage, de poisson (salé ou en saumure) et de pain.
De plus, il était crucial que les archers reçoivent leur ration quotidienne de bière légère et forte. On estime qu'un « gallon » (1 gallon équivaut à 4,54 litres) était consommé par archer et par jour.

Chaque archer devait subvenir à ses propres besoins en matière de nourriture. Cependant, il recevait une allocation pour sa nourriture incluse dans sa rémunération quotidienne. Cette allocation pouvait être utilisée pour acheter de la nourriture sur place, sur un marché spécialement aménagé à cet effet. Ce marché était approvisionné en denrées selon deux méthodes distinctes.

Les approvisionnements étaient fournis par le biais de prérogatives royales. Les denrées et le bétail étaient achetés à des prix fixés par contrat et raisonnables. Un fournisseur officiel était désigné pour acquérir, rassembler et distribuer les marchandises. Les marchands et les négociants devaient livrer les marchandises au camp.

Soit les commerçants concluaient une entente commerciale avec le souverain ou son mandataire, et s'occupaient eux-mêmes d'approvisionner le camp en achetant des produits sur le marché libre.

Cette méthode de fourniture manquait vraiment de flexibilité, car elle imposait le type de nourriture à acheter, le lieu et le moment de l'acquisition.

Le système de ravitaillement n'était pas exclusivement réservé aux camps militaires établis en Angleterre. Il fournissait également des camps, des forteresses et des villes en France et en Écosse. Pendant le siège de Calais en 1347, l'ensemble des approvisionnements nécessaires aux armées anglaises étaient acheminés directement d'Angleterre par bateau. Tous les convois de ravitaillement dans les zones hostiles étaient escortés par des archers pour garantir leur sécurité. En l'an 1429, à Rouvray, les Français et les Écossais ont mis fin à un convoi de harengs destiné à approvisionner les Anglais, ce qui a donné lieu à l'appellation de « Journée des Harengs ». Il convient de souligner l'importance cruciale du ravitaillement pour les combattants, même si les détails sur l'élaboration des menus et la cuisine quotidienne restent inconnus. Il est impensable qu'à chaque archer il ait fallu faire ses achats et préparer ses repas. Un archer devait donc être choisi par l'officier d'intendance, ou bien c'est une rotation qui s'est mise en place.

On connaît très peu de choses sur l'approvisionnement des troupes françaises. Les historiens feraient peut-être mieux d'accorder plus d'importance à l'analyse de ces conditions économiques lorsqu'ils étudient les guerres.
En règle générale, le soldat français subsiste grâce aux ressources des paysans. Il est rare qu'un village échappe au pillage lors du passage des troupes. Cependant, au XIVe siècle, certaines régions, telles que celles autour de Paris ou le Bordelais, ont été particulièrement touchées par les conflits prolongés, entraînant des destructions massives. Dans la région méridionale de Paris, la dîme, qui rapportait habituellement à Antony 35 muids de grains et 120 muids de vin, a été réduite à seulement 20 muids de grains et 20 muids de vin en 1384. La différence a été allouée aux gens de guerre. Le muid est une mesure de capacité pour les liquides, les grains et le sel. Dans la région parisienne, 1 muid équivaut à 268 litres de vin et 1 872 litres de grains.
Ces données montrent dans quelle mesure l'arrivée d'une troupe peut réduire la production disponible

d'un village. Les petites exploitations agricoles étaient moins touchées, car la population paysanne, prompte à fuir, attendait, à l'abri, dans les bois ou les marais, que les alertes soient terminées. Une fois les soldats partis, elle reprenait le travail aux champs. Les incursions des gens de guerre n'affectèrent jamais durablement la production des céréales. En revanche, les cultures de jardinage, et plus particulièrement les vignes, subissaient d'importants dommages. Le bétail, quant à lui, était très convoité par ces mêmes soldats. Ce sont donc non seulement les agriculteurs qui étaient affectés, mais également d'autres personnes. Les soldats s'approvisionnaient là où il y avait le plus de nourriture, soit dans les demeures des seigneurs, mais aussi dans leurs dépendances, comme les moulins, les fours, les clos et les vergers. Il s'avère que la guerre frappait plus durement les riches que les pauvres, et les villes que les campagnes. Il est intéressant de noter que la guerre a plus durement affecté l'économie seigneuriale que celle des paysans.

Les déplacements et les transports.

L'image emblématique de l'archer anglais combattant à pied a longtemps occulté l'importance du nombre de chevaux dans les armées. Chaque archer reçoit une allocation pour entretenir un cheval.
Par conséquent, un comte en possède six, un chevalier baron en a cinq, un simple chevalier en a

quatre, un homme d'armes en a trois et un archer monté en a un ou deux. Les frais d'entretien des chevaux pour les hommes sous contrat sont couverts par l'employeur ou prélevés sous forme d'impôt dans le comté ou la ville.

En 1481, les archers du Yorkshire recevaient 2 deniers par jour pour la location et l'entretien d'un cheval, pour un salaire quotidien de 6 pence.

Bien que de nombreuses représentations montrent des soldats portant des gourdes et des sacs à dos, on ne trouve aucune image d'une armée en mouvement avec son matériel. Il est fort probable que les archers transportaient la plupart de leur équipement dans des chariots ou l'attachaient sur leur monture. Les archers qui voyageaient souvent avaient un récipient pour leurs effets personnels et leur équipement.

Le chroniqueur français Jean Le Bel raconte qu'en 1359, l'ost d'Édouard III comptait près de 6 000 charrettes pour le transport. Plus tard, il parle de 10 000 à 12 000 charrettes, chacune tirée par trois bons chevaux.

Pendant la marche d'Harfleur à Calais, qui aboutit à la bataille d'Azincourt, lorsque l'urgence de se déplacer rapidement prévalait, tous les bagages légers étaient emballés dans un sac à dos et transportés par les chevaux, tandis que les bagages lourds étaient chargés sur des chariots et conduits vers l'ouest d'Harfleur.

L'établissement de la zone de ravitaillement et la gestion du grand convoi de chariots étaient complexes et nécessitaient de nombreuses personnes et aménagements : recherche d'un site, soins vétérinaires pour tous les chevaux, clôture de l'espace par des piquets, etc. Cependant, l'argent ne manquait pas et était bien utilisé.

En France, seuls les chevaliers et leur suite montaient, tandis que la plupart des soldats marchaient.

Les soins.

Les armées anglaises et françaises ne disposaient pas de service médical à l'époque médiévale. Les archers retainers d'une household étaient les plus chanceux, car le seigneur pour qui ils combattaient était toujours accompagné de médecins et de chirurgiens, engagés par contrat pour soigner tous les membres de la suite, y compris les serviteurs et les archers. Quant aux autres archers, ils devaient s'occuper d'eux-mêmes. Pour les cas les plus graves, ils dépendaient beaucoup de la générosité et du savoir-faire thérapeutique des mires (médecins) ou des religieux des villes, des comtés ou des pays qu'ils traversaient. Après un affrontement, les tireurs atteints pendant les hostilités étaient acheminés, si les conditions le permettaient, vers la nef d'une église ou l'enceinte d'un couvent afin d'y recevoir des soins. Pendant des heures interminables, les moines s'efforçaient de soulager la douleur des autres, avec des moyens limités, mais remplis de dévotion.

Ils soignaient les membres blessés, distribuaient des potions, appliquaient des onguents, et prodiguaient les derniers sacrements.

Leur principale source de soutien était la foi en Dieu, plutôt qu'une pharmacopée sophistiquée et abondante.

Voici une situation fréquente : un soldat blessé par une flèche plantée dans sa cuisse droite, qui demande à boire, souffre de fièvre. Après avoir lavé la plaie, un barbier, appelé à l'aide, l'incise et en retire la pointe. La plaie est profonde, la douleur est intense et le soldat pousse un cri, mordant un morceau de bois pour ne pas crier.

Les soignants avaient pour défi de déterminer le type de pointe qui avait blessé le soldat afin d'employer la technique appropriée pour l'extraire correctement.
Cette tâche s'avère ardue lorsque l'aiguille s'enfonce profondément dans la chair.
Heureusement pour les religieux infirmiers ou les barbiers-chirurgiens, les différentes houppes offraient des indices précieux sur leurs extrémités. En fonction du nombre d'ailerons, de leur matériau (plumes de corbeau, oie, coq, canard, rémiges d'aigle, etc.) et de leur morphologie (triangulaires, arrondies, effilées, étroites, larges, constantes, incisées, liées à un pouce ou deux du bord), il était possible d'estimer la forme de l'enferron.
Les blessures causées par les flèches à pointe « barbelée » étaient extrêmement graves et devaient être traitées rapidement pour éviter la mort. Parfois, sous le choc, la hampe se cassait près du corps, ce qui rendait son extraction plus difficile. Il fallait également tenir compte de l'endroit où la flèche s'était plantée : muscle, viscères, os, articulation, avec perforation de vaisseau sanguin ou d'intestin, avec ou sans fracture osseuse, et enfin la profondeur de la pénétration.
Quoi qu'il en soit, la flèche qui traversait de part en part et pointait de l'autre côté du corps représentait le moins de problèmes. Avec une bonne paire de pinces, on pouvait sectionner la partie postérieure et obliger le reste à poursuivre sa trajectoire avec beaucoup de délicatesse.
C'est au seul Français Ambroise Paré, inventeur de la chirurgie moderne, que nous devons la méthode, au

XVIe siècle, de retirer des pointes de flèches du corps humain. Il soutient qu'une méthode spécifique doit être utilisée :

— « *Si le fer est barbelé, comme c'est souvent le cas avec les Anglais, et qu'il est planté dans un os ou inséré profondément dans les muscles de la cuisse, du bras, des jambes ou d'autres parties où la distance est considérable, il ne faut pas enfoncer la plaie, mais l'élargir en évitant les nerfs et les gros vaisseaux sanguins, comme le ferait un chirurgien expérimenté en anatomie. Il est également crucial d'utiliser un dilatateur en forme de cavité et de s'assurer que l'on peut saisir les deux ailes du fer avec le bec de grue, de le maintenir fermement et de les tirer ensemble.*

Déclin progressif.

Dans la réalité.

Dès le XVe siècle :
L'arc long reste utilisé, mais il devient moins efficace face aux armes à feu.
Les conflits internes (la guerre des Deux-Roses) minent l'armée d'Édouard III, affaiblissant ainsi sa structure militaire.
L'arc disparaît du champ de bataille au début du XVIe siècle, mais il est encore pratiqué par les guildes de tir.

Et dans la littérature ?

La figure de l'archer anglais transcende les époques :
Robin des Bois
William Tell, bien qu'il soit suisse, est souvent confondu avec un Anglais dans la tradition populaire.
Les archers d'Azincourt, dans Henry V de Shakespeare.
Aragorn et Legolas, personnages de la fantasy, sont des héritiers indirects du modèle.

TRADITION

Héritage et mémoire.

La France ne partage pas l'imaginaire élogieux de l'archer que possède l'Angleterre avec Robin des Bois ou les archers d'Azincourt.

Vers 1500, l'arrivée de l'arquebuse ne détrône pas tout de suite l'arc. Bien que les francs-archers soient supprimés à la fin du règne de Louis XI, ils sont rétablis sous Charles VIII et subsistent sous Louis XII. Cependant, les armes à feu continuent de s'améliorer et les francs-archers sont définitivement abolis sous François Ier.

La Révolution française dissout les compagnies d'arc par décret de l'Assemblée nationale en 1789.
Dès lors, la grande majorité des archers sont incorporés à la garde nationale. La Chevalerie d'arc réforme des compagnies, mais sans statuts militaires.
Dès 1797, la compagnie de Fontainebleau reprend corps.
À partir de ce moment, le tir à l'arc devient un passe-temps.
Dans le reste de l'Europe occidentale, son utilisation à la guerre disparaît également de manière définitive.

En revanche, certaines unités de cavalerie d'origine asiatique continuent de l'employer. Pendant la campagne de Russie en 1815, les troupes françaises font face à des éclaireurs tartares équipés d'arcs.

Cependant, dans des régions comme la Picardie, l'Île-de-France, la Bourgogne ou les Flandres françaises, des traditions d'archerie festive et commémorative se sont perpétuées jusqu'au XIXe siècle.

À l'époque, le tir à l'arc était soumis à des règles différentes d'une province à l'autre et d'un pays à l'autre.

Certaines personnes craignaient que cette discipline récemment introduite aux Jeux olympiques ne marque la fin de l'archerie traditionnelle telle qu'elle était pratiquée en Île-de-France, en Champagne et surtout en Picardie.

Cependant, elles sous-estimaient l'esprit chevaleresque qui anime et anime toujours les Compagnies du Noble Jeu de l'Arc.

Les adeptes de l'archerie traditionnelle ont su résister, grâce à l'heureuse décision de la Fédération française de tir à l'arc de réserver une place privilégiée à cette discipline dans ses statuts et règlements.

Ainsi, les Compagnies ont persisté, certaines ont même repris du service, et de nouvelles ont vu le jour. Il existe donc actuellement en France deux façons de pratiquer ce sport : l'arc traditionnel et l'arc moderne.

Cette pratique du tir à l'arc s'est considérablement diversifiée au fil des ans, englobant des disciplines telles que le tir en campagne ou le tir de chasse avec des armes, telles que l'arc à poulies.

Cela a-t-il engendré l'émergence de différents types d'archers aujourd'hui ?

Peut-être, mais ce n'est pas certain.

La poursuite de la performance ou la recherche de points n'est pas une caractéristique exclusive des archers traditionnels ; en effet, certains d'entre eux s'éloignent de cette tendance.

Il est possible d'observer des archers traditionnels s'engager dans des compétitions de haut niveau.

Cependant, si les archers semblent peu différents, il est important de chercher d'autres explications pour les distinctions perçues.

L'archerie remonte à une époque très reculée et possède des traditions qui ont traversé les siècles jusqu'à nous.

Les archers traditionnels sont toujours actifs aujourd'hui, pratiquant le tir au papegai ou d'autres jeux d'adresse à l'arc. Ils forment un univers fascinant. Pour mieux comprendre, nous allons tenter de retracer leur histoire.

Confréries urbaines d'archers.

Origine et fonctions.

À partir du XIIIe siècle, dans les villes françaises, les confréries d'archers apparaissent pour organiser les citoyens capables d'assurer la défense urbaine. Elles ont plusieurs fonctions :

Défense militaire en cas d'attaque ou de siège.
Police urbaine dans certains cas (surveillance des portes, ronde de nuit).
Loisir et sport : concours d'archerie, jeux d'adresse.
Dévotion religieuse : chaque confrérie est placée sous le patronage d'un saint (souvent saint Sébastien, ou parfois saint Georges).
Intégration civique : elles favorisent la cohésion des corps de métier.
Elles ne doivent pas être confondues avec les **francs-archers**, qui sont une milice d'État créée par ordonnance royale en 1448.

Organisation interne.

Maître de la confrérie : dirige les entraînements et les concours.
Capitaine d'archerie : responsable du volet militaire.
Clerc : garde les registres, les règlements et les comptes.
Niveaux d'honneur : selon la précision ou la bravoure au tir (ex. : "roy des archers", "seigneur de la perche", "brave du pavois").

Activités typiques.

Tir à la perche : flèche vers le haut pour toucher un oiseau ou un objet fixé en haut d'un mât (souvent un "papegai").
Tir au but : cible ronde ou silhouette humaine.
Concours inter-villes (ex. : entre Reims, Soissons, Laon, Paris...).
Fêtes et processions : en armure légère, flèches sur le dos, bannières en tête.

Exemples de villes où ces confréries furent puissantes
Paris : archers de Saint-Sébastien, très actifs au XIVe siècle.
Rouen : célèbre pour ses concours annuels.
Amiens, Tournai, Lille : riches traditions.
Avignon : même sous l'autorité pontificale, les confréries existaient.
Lyon : où archers et arbalétriers formaient parfois deux groupes distincts.

LES COMPAGNONS D'ARC.

La chevalerie d'arc (ou chevalerie de l'arc) est une pratique initiatique liée aux jeux d'armes à jet. Elle se pratique toujours au sein des Compagnies d'arc, de l'arbalète ou de l'arquebuse en France, Belgique et Pays-Bas.

Mais la question de l'origine de la chevalerie d'arc demeure sans réponse précise.

Les associations paramilitaires et sportives privilégiées, héritières des milices bourgeoises, recrutent leurs membres par cooptation et pratiquent des rites d'initiation.

Elles enseignent un savoir ésotérique à l'aide de symboles tirés de l'archerie, de pratiques martiales et de rituels empruntés à divers cercles (Marine, franc-maçonnerie, etc.). Elles encouragent leurs membres, appelés Chevaliers, à s'engager pour la défense de la cité en suivant la devise : Honneur et Courtoisie.

Elle s'est construite au fil des siècles autour d'un grand nombre de rituels et de coutumes de la franc-maçonnerie.

Elle est aujourd'hui méconnue, car les Chevaliers appliquent à la lettre le serment qu'ils prononcent à leur réception et qui veut qu'ils doivent protéger à tout prix leurs rites et pratiques[5].

---

[5] Pierre Yves Beaurepaire : « Nobles Jeux d'Arc et Loges maçonniques dans la France des Lumières : une enquête sur une sociabilité en mutation », éditions

Parmi les documents que nous connaissons, on trouve les très célèbres « Statuts des confrères arbalétriers de la ville de Reims ». Datant du XVIe siècle, ils ont souvent été cités dans plusieurs ouvrages du XIXe siècle, car ils mentionnent l'existence de « chevaliers de l'arbalète » à Reims au XVIe siècle. Il est nécessaire de se référer au texte original de ces statuts. Il n'y a aucune mention de « chevalerie de l'arbalète » ou de « chevaliers de l'arbalète », mais simplement de « confrères », un terme courant à l'époque pour désigner les membres de confréries, qu'elles soient ou non militaires.

De nombreux ouvrages publiés après la Révolution évoquent l'origine des « chevaliers de tel noble jeu », c'est-à-dire des membres de la noblesse qui sont associés à une ville spécifique, et, par extension, de la chevalerie qui leur est liée. Ils remontent jusqu'à la création des compagnies privilégiées dans cette même ville, qui remontent au XIe au XIIIe siècle.

Certaines sources contestent l'idée que les compagnies de la milice bourgeoise de l'époque puissent être considérées comme faisant partie d'un « noble jeu » ou d'une quelconque forme de « chevalerie ».

Il est juste de dire que ces termes sont une invention plus tardive.

On ne peut pas accepter cette affirmation dans son intégralité.

Ivoire-Clair, 2002.

Il est clair que les entreprises de l'époque ne peuvent être considérées comme faisant partie du « noble jeu ». Cette conclusion est compréhensible, car, au Moyen Âge, on ne peut pas parler de « jeu » ni de « noble », encore moins de sport. Il s'agit plutôt d'une action militaire ou d'une démonstration de force de l'ordre. Cependant, l'affirmation de l'absence de lien avec la chevalerie d'arc est beaucoup moins certaine.
Pourquoi ?

Selon certains, l'art de l'archerie remonterait au début du XVIIIe siècle, époque où les armes à feu avaient rendu l'arc à flèche complètement obsolète.
Contrairement à la croyance populaire, l'arc a été abandonné dans la stratégie militaire bien avant le début du XVIIIe siècle.
Au cours de la première moitié du XIVe siècle, les armées anglaises comptaient trois archers pour chaque homme d'armes. Pendant les campagnes militaires de 1415, la plupart des compagnies avaient deux à trois archers pour chaque homme d'armes à pied.
En 1428, le roi et le comte Thomas de Salisbury s'entendent sur un accord pour embaucher 1 800 archers montés et 600 hommes d'armes.
Le contrat stipule même une clause :

— Possibilité de remplacer quatre hommes d'armes par quatre artilleurs et dix archers par dix « miners », rémunérés respectivement vingt deniers et neuf sous par jour.
Au milieu du XVe siècle, le ratio passe de « quatre pour un », soit 3 000 archers pour 600 hommes

d'armes, à « cinq pour un », soit 3 600 archers pour 600 hommes d'armes. Il atteint finalement, lors des expéditions en France vers 1475, un rapport de « huit pour un », soit 4 800 archers pour 600 hommes d'armes.

Cette situation est due à plusieurs facteurs, notamment l'importance des archers dans la stratégie militaire anglaise et leur équipement et leur maîtrise de l'utilisation de l'arc.

Cependant, cela est également lié à une baisse du recrutement des hommes d'armes, ce qui entraîne une diminution de la qualité globale des armées anglaises au milieu du XVe siècle.

Cela a toutefois permis aux Anglais de remporter des victoires décisives, telles que Crécy, Poitiers, Azincourt et Formigny.

Grâce à leur stratégie, les archers anglais dominèrent les terrains de guerre jusqu'à la bataille de Castillon en 1453.

Donc, comme on peut le voir, cela se passait déjà avant le XVIIIe siècle.

Par la suite, l'affirmation que des registres de compagnies d'anciennes grandes villes comptaient des personnalités éminentes. On trouvait des « grands bourgeois » (sans titres, mais souvent élus dans les conseils municipaux) aux côtés de nobles, certains d'entre eux pouvant même revendiquer le titre de « chevalier ». Par conséquent, certains registres enregistraient leurs membres, y compris leurs titres nobiliaires, sans pour autant prouver l'existence d'une chevalerie liée à l'arc.

Ce n'était qu'un titre de noblesse personnel, en usage à l'époque.

Non, il est important de clarifier cette notion de chevalerie et de chevalier.

Aujourd'hui, la vision traditionnelle de la guerre au Moyen Âge en Europe est souvent influencée par l'image du chevalier dominant les champs de bataille entre 800 et 1500.

Cette image héroïque est renforcée par l'art et les récits épiques mettant en scène des chevaliers. Cependant, elle ne reflète pas la réalité complexe de cette époque, en particulier en ce qui concerne les roturiers qui combattaient à pied.

Il est crucial de comprendre que le mot « chevalier » n'avait pas la même signification au Moyen Âge.

Il faut considérer le terme « chevalier » dans un sens large et non restrictif.

De plus, il est fréquent de lier la chevalerie à la noblesse, mais ce n'est qu'à la fin du XIIIe siècle que ces deux concepts ont commencé à se combiner, en associant deux caractéristiques : l'hérédité et les privilèges. Cependant, cette association n'était pas systématique, car les changements se produisaient plus lentement à cette époque.

À l'origine, le chevalier n'est pas un noble, et un noble n'est pas nécessairement un chevalier, c'est-à-dire un guerrier dominant les champs de bataille.

Les hommes du Moyen Âge ne vivaient jamais seuls, mais en groupe, parfois même en plusieurs. L'hostilité de la vie et l'insécurité ambiante les poussaient à éviter l'isolement.

À travers tout le continent européen, on trouve trois catégories de personnes, initialement définies par Adalbéron, l'évêque de Laon, au début du XIe siècle :
- les priants (« Oratores »).
- les travailleurs (« Laboratores »).
- les guerriers (« Bellatores »).

Pendant la période gallo-romaine et au cours de l'ère dite « barbare », un petit groupe dominant possédait un ensemble de privilèges et tous ceux qui dépendaient d'eux étaient inclus dans ce qu'on appelait leur « Familia ». Ils étaient chargés de diverses responsabilités civiles, les « honores », et militaires. Sous le règne de Charlemagne, qui s'inspira de l'armée arabe, ils créèrent une cavalerie et une classe de chevaliers. Ces responsabilités et ces obligations engendrent une conception renouvelée de l'honneur dans les liens familiaux, donnant ainsi naissance à ce que l'on appelle la « chevalerie ».
Ensuite, à l'intérieur de chaque ordre, les hommes se rassemblent en groupes plus restreints, tels que les confréries, les compagnies, les guildes, les serments et les connétablies.
Au Xe siècle, les scribes et les clercs considèrent que les seigneurs terriens, qui tirent leurs revenus des redevances payées par les paysans, occupent le sommet de la hiérarchie sociale. Ce groupe est désigné sous le terme de « nobilis ». Cependant, à cette époque, ce terme ne renvoie pas à un mode de vie privilégié, mais plutôt à un rang social élevé.
Au début du XIe siècle, un terme émerge progressivement, « militant », dérivé de « miles »,

167

qui, en latin, se traduit par « soldat » et donne naissance au mot « militaire » ainsi qu'à celui de « chevalier ».

En même temps, le mot « nobilis » tend à disparaître. Ce glissement linguistique est associé à des évolutions technologiques et mentales qui érigent les chevaliers en sommet de la société. Les écrits des juristes du XIe et XIIe siècle témoignent de l'existence de ce groupe de chevaliers, ainsi que de serviteurs de princes et de paysans fortunés capables de se battre et de vivre en tant que chevaliers. Tous ces hommes vivent « noblement », c'est-à-dire qu'ils mènent une vie guidée par l'honneur plutôt que par les privilèges. Cette « noblesse » sert de modèle à suivre.

La noblesse n'est pas une simple particule, ni même les titres, à l'exception de ceux d'écuyer et de chevalier. Les autres titres sont liés à une terre plutôt qu'à une personne. De plus, les armoiries ne permettent pas de déterminer qui appartient à la noblesse. Au Moyen Âge, la noblesse était avant tout une question d'esprit, de cœur, de tolérance, de franchise, de courtoisie, de générosité, d'amour pour autrui, d'honneur et de sentiments vertueux. Selon la doctrine juridique traditionnelle, le titre de chevalier ne se transmet pas de génération en génération. Il se gagne et se conserve jusqu'à la mort.

La chevalerie est une manière d'être qui tend vers un idéal, un mode de vie partagé par tous ceux qui, dans la société, sont liés par des affinités communes, qui structurent cette dernière. En France, l'essor de la chevalerie est remarquable. Les descendants de ces familles de noblesse émigrent vers les villes, s'y installent et s'y fondent avec les commerçants de condition inférieure, donnant naissance à cette classe de « burgenses » (bourgeois) qu'on observe, à la fin du XIIe siècle. Leurs frères et sœurs, qui restent à la campagne, forment l'élite rurale. Avec eux, cet esprit chevaleresque se diffuse dans toutes les classes sociales. En France et dans les pays limitrophes, il existe deux ordres chevaleresques : celui des personnes fortunées et celui des roturiers. Cette noblesse d'âme va se perpétuer dans les associations militaires bourgeoises, que sont les compagnies d'arc, donnant un caractère particulier destiné à exalter chez tous les membres les sentiments d'honneur, de solidarité, de courtoisie[6] et de bienséance.

La chevalerie, un système de valeurs.

La chevalerie est une institution née au sein de l'Église en seconde moitié du Xe siècle. Elle a connu un grand essor aux environs de 1000-1020, comme réaction contre l'anarchie. Ce ne sont pas seulement des hommes d'élite, mais des chevaliers imprégnés d'une mystique profonde. La vie d'un chevalier est un long cheminement, qu'il apprend d'abord au château familial, puis auprès d'un parrain.

L'Église, qui remplit une fonction sociale cruciale, s'est constamment efforcée d'adoucir les coutumes

---

[6] Il est devenu ardu de définir la politesse dans notre société actuelle. On peut dire que la courtoisie a pour contraire la « vilenie », c'est-à-dire tout ce qui est mal élevé, grossier.

humaines, les rendant ainsi réceptives à la grâce divine, ou au règne de Dieu. Dans les époques brutales, elle s'efforce de modérer la violence, comme elle l'a fait dans la seconde moitié du Xe siècle en dirigeant l'ardeur guerrière. Face au barbare, elle a incarné le guerrier philanthrope, utilisant ses armes pour servir la divinité. Pour devenir chevalier, au sens donné à ce terme par l'Église, il faut être un combattant à cheval, ce qui limite l'accès en raison de la compétence nécessaire. Il faut également accepter des règles de conduite, ce qui limite l'accès socialement et moralement.

L'application des règles sera scellée par un rituel d'intronisation, l'adoubement, au cours duquel le candidat doit prêter serment d'allégeance et de loyauté, s'engageant à servir à la fois Dieu et les hommes. On devient chevalier par l'adoubement de la même manière qu'on devient roi par le sacre. Au cours du XIe siècle, l'Église a amplifié la cérémonie en y ajoutant une « veillée d'armes » : une période de prière et de réflexion sur son engagement, ainsi qu'un serment d'observer les règles chrétiennes de la guerre, d'être juste, d'aimer la paix et de combattre non pas pour tuer, mais pour atteindre les puissances du mal. Cet adoubement marque le passage de l'enfant ignorant à l'homme éclairé.

C'est le cas des chevaliers d'arc, au sein de l'ordre des Bellators.

La chevalerie de l'arc.

À l'origine, le chevalier n'est pas un noble. Ainsi, n'importe qui peut le devenir s'il répond à certaines exigences et accepte de suivre les règles de vie. Le système féodal a donné naissance à la chevalerie d'épée, une fraternité fermée et peu accueillante. En réponse, la chevalerie d'arc s'est formée, partageant les mêmes principes d'honneur et les mêmes vertus que ses homologues.
Les hommes du Moyen Âge ne vivaient jamais seuls. S'il appartient à un ordre, à l'intérieur de celui-ci, il évite l'isolement et intègre un groupe, une « famille », celle d'un métier, d'une « communauté ». C'est dû à l'hostilité de la nature, de la vie et de l'insécurité. Chacun occupe donc une place bien à lui, ce qui se traduit par le port d'insignes et de vêtements distinctifs montrant clairement son appartenance. On se regroupe dans des « corporations », ou plutôt des « communautés », terme qui s'applique à un vaste éventail de sociétés qui sont des associations à caractère initiatique, adoptant les bases des rituels initiatiques de la chevalerie.
L'histoire de ces communautés coïncide avec celle de la chevalerie, mais avec un léger décalage au XIIe siècle. Parfois, elles ont pour origine une « confrérie » qui remonte beaucoup plus loin, jusqu'au Xe et XIe siècle. Certaines de ces confréries semblent aussi liées à des « guildes ». C'est le cas, par exemple, des archers et arbalétriers. Ils se regroupent

en communautés et imitent les références morales et religieuses, en adoptant les règles chevaleresques. C'est ce qu'on appelle la « chevalerie d'arc ».

Ainsi, dans chaque ville, peu importe sa taille, les édiles favorisent la création de communautés spéciales ayant une organisation distincte de celle de la milice.

Ces sociétés militaires de tireurs d'élite, composées d'archers et d'arbalétriers, ont trois principales fonctions :

– Assurer la sécurité en cas de troubles, préserver la sécurité publique et protéger les remparts.

– Participer aux défilés et égayer les cérémonies officielles, en particulier en tant qu'escorte d'honneur de la municipalité, qui se multiplient au XIVe et au début du XVe siècle, c'est-à-dire au moment de la lutte contre l'occupation anglaise.

– Remplir différentes missions de confiance, comme aider les officiers royaux et municipaux, le recouvrement de taxes, la garde de scellés, etc.

Ces sociétés acquièrent alors une certaine importance, devenant les instruments d'une révolution plébéienne contre la féodalité, encouragée par le pouvoir royal tout au long du Moyen Âge. Le chevalier à l'arc, qui défend les bourgs, est le bouclier du peuple. Le roi, qui est le seul seigneur des villes émancipées de la domination locale, se dote ainsi d'une armée plus grande que ne peuvent lui offrir les seigneurs. Le roi n'a plus à se soumettre à la volonté de ses vassaux. En contrepartie, les communautés bénéficient de privilèges, comme l'exemption de taille, de l'impôt royal, de la gabelle et d'autres taxes, ainsi que l'exemption de guet.

C'est pourquoi elles sont appelées « Francs-archers », tout comme les francs-maçons. Ces avantages concernent également les facteurs d'arc. Selon le livre des métiers d'Étienne Boileau, les archers de Paris ne doivent pas de gages, car leur métier les rémunère. Le métier consiste à servir les chevaliers, les écuyers et les sergents, à garnir les châteaux et à réparer les fortifications de la ville, à l'exception des rançons du roi. C'est comme les francs-maçons.

Ce qui est remarquable dans l'émergence de ces entreprises de sécurité est qu'elles sont créées de manière spontanée et à l'initiative privée. Le monarque n'y est pas responsable.

Les arbalétriers et les arquebusiers doivent d'abord payer de leur poche pour organiser leurs forces militaires. Toutefois, compte tenu du coût élevé de l'entretien, ils finissent par demander l'aide des municipalités. Ces dernières hésitent cependant à répondre favorablement à leurs requêtes.

Ces corps d'élite, disciplinés et habitués aux armes de trait sont trop précieux à l'heure du danger. En échange de leur aide ou de l'entraînement, ils reçoivent divers privilèges. Par leurs statuts, ils sont également obligés de s'exercer au tir dans des terrains clos, jouxtant les « hôtels d'arc », qui sont les sièges de ces sociétés jusqu'à la Révolution française.

Des compagnies de l'Essonne.

On distingue plusieurs catégories de sociétés :

— La compagnie.

Le mot « compagnie » vient du vieux français « compaing », qui signifie « celui avec qui on partage le pain ». Les archers et arbalétriers se réunissaient pour célébrer leur saint patron, saint Sébastien, en partageant du pain béni, symbole de leur fraternité. À partir du XIVe siècle, ce terme a commencé à désigner un groupe de soldats, souvent composé d'un petit nombre d'individus, qui étaient placés sous le commandement d'un capitaine. L'organisation juridique émanant des sociétés militaires, il est logique d'y observer une hiérarchie empreinte de l'esprit militaire, avec un connétable, un prévôt, un roi, un empereur, un capitaine, un premier et un second lieutenant, ainsi qu'un porte-enseigne. Chaque année, le jour de la saint Sébastien, on procède à l'élection du capitaine et du connétable, généralement le plus ancien des officiers.

L'origine des compagnies remonte à une époque très reculée, peut-être même au temps des milices urbaines de la fin de l'Empire romain. Au Moyen Âge, les premières compagnies voient le jour sous le règne de Charlemagne. Elles constituent la base de l'archerie française, qui perdurera jusqu'à la Révolution française. On note une coexistence parallèle et complémentaire entre un groupe armé et les compagnies, ces dernières s'amalgamant souvent et se dissociant très rarement. Les compagnies proviennent d'organismes à la fois militaires et civils, qui sont souvent liés à une confrérie religieuse.

– **La confrérie.**

Á l'origine, ce sont des associations laïques à caractère religieux, souvent fondées sous l'égide d'un monastère ou d'un particulier. À partir du XIIe siècle, avec l'affranchissement des communes par Louis VI le Gros, des compagnies s'organisent en confréries militaires, à l'initiative de laïques. En 1260, Saint-Louis promulgue une ordonnance enjoignant à chacun de pratiquer le noble sport du tir à l'arc plutôt que d'autres jeux dissolus. Pour donner le bon exemple, il s'inscrit lui-même à une confrérie. Ainsi, le tir à l'arc devint une pratique répandue dans nos campagnes, autour des bourgs. Certaines d'entre elles complètent cette activité d'une association de secours mutuel et prennent le nom de « guildes ». Cette dénomination se rencontre surtout dans les pays de l'Europe du Nord, en Belgique et aux Pays-Bas. Il s'agit de sociétés généralement ouvertes, qui peuvent même admettre des personnes non citoyennes, qu'on appelle alors les « honteux ».

Organisation.

Au cours de la seconde moitié du 19e siècle, l'organisation sportive émerge et les Compagnies se regroupent en cercles, principalement en Picardie, et en familles en Île-de-France.

Une ronde est un regroupement fédératif de Compagnies à l'échelon régional.

Elle est composée d'une vingtaine de Compagnies ou Confréries qui se regroupe par amitié et proximité.
Au Moyen Âge, un périmètre était défini par la distance pouvant être parcourue en une journée, et

non par une division géographique ou administrative.
Chaque tournée possède son propre nom, comme la Tournée du Beauvaisis.
En Île-de-France, les rondes sont désignées par le terme « famille ». Chaque famille correspond à peu près à un département.
Toutes les Compagnies sont naturellement rattachées à la Fédération Française de Tir à l'Arc.

Une structure hiérarchique.

Comme elles sont directement issues des Compagnies des Francs-Archers, il n'est pas étonnant de trouver chez elles une structure hiérarchique inspirée de l'armée.

- Le **capitaine** est à la tête de la compagnie, équivalent du président dans les autres sports.
- Le **secrétaire** tient les procès-verbaux, expédie les convocations, rédige les comptes rendus et gère la correspondance.
- Le **censeur** s'occupe principalement de faire respecter le règlement intérieur de la compagnie.
- Le **greffier** est chargé de l'organisation des concours.
- Le **trésorier** ou receveur s'occupe de la comptabilité.
- Le **porte-drapeau** est par tradition lieutenant.

Toutes ces distinctions s'indiquent au moyen d'écharpes, portées en sautoir, de couleur différente selon le grade. (cf. Écharpe dans les définitions).

Le règlement.

Comme toute société humaine, les archers doivent respecter certaines règles. Elles sont inscrites dans un règlement qui tente de prévoir tous les cas possibles afin d'éviter toute confusion.

Le règlement des compagnies actuelles diffère beaucoup de celui d'autrefois. Il possède néanmoins certaines particularités très marquées, héritées du passé, qui constituent la base de la tradition.

L'uniforme.

Autrefois, les archers des Compagnies arboraient des tenues militaires. Cependant, ces uniformes furent abandonnés lors de la Révolution.

L'uniforme actuel se veut plus sobre et moins voyant. Il se compose principalement d'une casquette en drap bleu à visière rigide noire, souvent accompagnée d'un pantalon blanc et d'une veste style « blaser » bleue.

LE DRAPEAU

Chaque compagnie détient son propre étendard. Il s'agit généralement d'un drapeau de taille variable, placé sur un long mât afin d'en faciliter le transport.

Sobriquets et mascottes.

Les membres des Compagnies étaient souvent désignés par un surnom ou un sobriquet représentant leur ville ou leur village. Certains se distinguaient par une mascotte.

Le sobriquet ou la mascotte figuraient bien entendu sur le drapeau.

Voici quelques exemples :

Les Dormeurs de Compiègne.
Les Grenouilles de Varesnes.
Les Oies de Creil ou les cochons de Crépy-en-Valois.

La confrérie du silence.
(Paris, 1361)

Il faut tendre l'arc avant de tendre la voix. Le vent doit se taire dans la gorge, et le cœur battre au rythme du frêne.
Les buttes d'arc s'élevaient à l'orée des faubourgs de Poitiers.
C'était là, sur ces monticules de terre battue, que Jehan avait appris la patience. Il avait douze ans, pas encore la force de tirer une corde de guerre, mais déjà l'œil pour le vent et les nervures du bois.
— Tire avec ton ventre, pas avec tes bras, disait maître Colin. L'arc n'est qu'un miroir. Si tu trembles dedans, c'est que tu trembles dehors.

Ce jour-là, Jehan décocha trois flèches sur une cible de paille tressée. Toutes touchèrent le ventre du bonhomme de jonc. Il ne sourit pas. Il regardait le ciel. Il pensait à la guerre.

Des années plus tard, Jehan revint à Poitiers. Il avait les tempes grises, et les mains calleuses comme l'écorce d'un orme.
Il reprit la butte, mais cette fois non pour se battre. Pour enseigner. Pour transmettre.
Il disait :

— L'arc ne fait pas le héros. Il fait l'homme debout, qui sait où se pose son regard.

Et dans son atelier, accroché au mur, un ancien arc d'if, sauvé de la rivière, attendait un nouveau bras. Gravé dessus :
"Viser sans haine."
Réfugié dans la capitale, Jehan devient maître d'arc dans une confrérie urbaine, initiant les jeunes gens au tir rituel et à la défense des remparts.
Il fonde une petite école près de la butte Montmartre. Là, les enfants de boulangers, de drapiers, de bouchers s'exercent au tir sur silhouette, sans rêve de guerre, mais avec fierté.
Jehan enseigne aussi l'histoire. Il dit :
— Nous ne serons jamais les archers d'Azincourt. Mais que la France sache que des hommes savent encore tendre une corde avec droiture.

– **La connétablie**.

Les connétablies sont des sociétés qui tirent leur nom du serment que chaque membre doit prononcer lors de son initiation. Ce serment est consigné dans des statuts et est identique partout. Ce terme désigne en Flandre, en Hainaut et en Belgique des confréries dès 1384, mais aussi à Paris en 1359, à Lagny en 1367 ou encore à Valencienne en 1470.
Ce nom est adopté par des entreprises cherchant à mettre en évidence leur dimension militaire.
Ces sociétés peuvent être décrites comme des compagnies par leur aspect militaire, des confréries par leur dimension spirituelle, des alliances par leur engagement mutuel, des guildes par leur esprit de solidarité, et des sociétés par leur nature collective.
En Angleterre et en Écosse, ces organisations sont connues sous le nom de « Society ».
Il est surprenant de constater que les compagnies d'arc ont persisté clandestinement après leur dissolution et leur interdiction lors de la Révolution française, puis ont émergé au grand jour au XIXe siècle en Angleterre, contribuant ainsi à la préservation de l'art noble de l'arc. En effet, l'arc occupe une place unique en Angleterre depuis le IXe siècle, sans qu'aucune des « society » à l'instar de nos compagnies n'y subsiste, à l'exception de la « society of woodmen of arden », établie le 15 novembre 1785 dans les Midlands.
Il est paradoxal de constater l'absence d'enthousiasme et l'importance limitée de cette arme

dans les armées françaises, alors que l'histoire nous réserve une ironie amère.
Quelle ironie de l'histoire !
Devrions-nous, pour notre chevalerie d'épée, qui était trop fermée sur elle-même, créer une chevalerie d'arc en parallèle ?
Il est plausible que cela se soit produit, car, en Angleterre, la chevalerie épéiste, qui était plus libérale et plus consciente de l'utilité tactique de l'arc, et qui n'a jamais montré de préjugés à son égard, n'a pas déclenché de réflexe de « survie » ou d'« imitation ».
De plus, l'Église n'a pas exercé autant d'influence sur la population et les esprits qu'en France, et a même été en désaccord avec Rome.
Tout comme toutes les sociétés humaines, les archers et les arbalétriers doivent respecter des règles spécifiques.
En 1369, Charles V établit les rites d'initiation au rang de chevalier que les compagnies d'arc et d'arbalète doivent suivre. Il y a un serment solennel de fidélité aux vertus de la chevalerie.
Les connétablies sont des sociétés qui tirent leur nom du serment que chaque membre doit prononcer lors de son initiation. Ce serment est consigné dans des statuts et est identique partout. Ce terme désigne en Flandre, en Hainaut et en Belgique des confréries dès 1384, mais aussi à Paris en 1359, à Lagny en 1367 ou encore à Valencienne en 1470.
Les infractions à tous ces règlements sont punies de la même manière dans chaque pays. À l'exception du supplice appelé « cepte portable », qui consiste en

une sorte de collier en bois reliant les poignets et les chevilles, mentionné dans les lettres patentes de 1390 du roi Charles VI, ces punitions consistent principalement en des amendes, payables en espèces ou sous forme de pots-de-vin.

Dès la Renaissance, mais surtout à l'époque moderne, les compagnies se transforment en lieux de divertissement et de plaisir. Les aristocrates et les membres aisés de la société cherchent activement à y adhérer, allant jusqu'à vouloir restreindre l'accès aux autres. Ces endroits deviennent un symbole de statut social, attirant irrésistiblement les individus des milieux privilégiés.

À l'époque, les compagnies d'archers étaient principalement composées de personnes qui s'entraînaient au tir à l'arc pour se divertir. Ces compagnies étaient devenues des sociétés de privilèges et de loisirs pour les nobles et les bourgeois aisés des villes.

Il est donc pertinent de se demander si cette « chevalerie de l'arc » des temps anciens partageait déjà des traditions similaires à celles qui sont transmises de nos jours.

On peut répondre affirmativement à cette question en consultant les Statuts et ordonnances du noble jeu de l'arc pour les archers de la ville de Lyon, datant de 1628.

En effet, ces statuts montrent que la cérémonie de réception n'était pas simplement une prise d'engagement, mais comprenait aussi le secret quant au serment et aux instructions qui suivaient. Les termes employés dans ces statuts sont remarquablement similaires à ceux utilisés dans les statuts du Compagnonnage et des francs-maçons du Moyen Âge.

Cela prouve sans conteste que les usages traditionnels ont été transmis à la chevalerie de l'arc, et que cette dernière comportait dès ses débuts une composante « initiatique ». Cette composante existe bien avant ses nouveaux mélanges avec la nouvelle franc-maçonnerie au cours du XVIIIe siècle.

Au 18e siècle, les compagnies commencent à décliner et deviennent l'objet de moqueries. Elles perdent progressivement tous leurs privilèges fiscaux. Les énormes dépenses engendrées par les fêtes et les festins qui accompagnent les tirs du Papagault, ancêtre de l'actuel Abat l'oiseau, où sont conviés les meilleurs tireurs des villes voisines, atteignent un tel degré de faste qu'elles causent la ruine de plusieurs familles. Cet état de fait amène à la promulgation de l'édit de 1735, qui entraînera la disparition d'un grand nombre de compagnies.

À la Révolution, les compagnies trop royalistes ne peuvent pas continuer à exister sous leur forme actuelle avec l'avènement d'un nouveau régime. Elles sont interdites, mais, dès que la tempête est passée, elles se reconstituent.

Jusqu'en 1850, les compagnies réformées repassent sous l'empire des anciens statuts. Elles recrutent principalement parmi la classe ouvrière, lui offrant une distraction saine qui devrait l'écarter de l'alcoolisme, très répandu à cette époque. Au tournant du XXe siècle, Paris et sa banlieue comptent environ deux cents compagnies réparties en quinze familles.

Chaque famille a un comité et l'ensemble de ces comités forme un conseil de Chevalerie, une organisation majeure du tir à l'arc à l'époque.

En 1863, pour rester en accord avec l'évolution de la société civile et des mentalités, sous la responsabilité du Dr Denonvilliers de la Compagnie impériale de Paris, des statuts nouveaux sont publiés, écartant de ses textes toute référence religieuse, rapprochant étroitement la Chevalerie de l'arc des structures du compagnonnage.

En 1899, sous l'égide d'Octave Jay, capitaine de la Compagnie de Saint-Pierre de Montmartre, les familles de l'Île-de-France et des compagnies de l'Oise se regroupent pour fonder la Fédération des Compagnies d'Arc d'Île-de-France, dotée d'un Conseil supérieur qui s'est donné comme mission d'entretenir l'esprit de confraternité dans la Chevalerie d'arc.

Les rites de la chevalerie ont été adaptés en 1901, conformément à la loi interdisant toute référence religieuse ou politique dans les associations. O. Jay les a laïcisés en supprimant les « symboles ridicules ou d'un mysticisme outré ».

Après les événements de 1968, le nombre de chevaliers a diminué, mais la tradition a été perpétuée et l'adoubement des chevaliers d'arc a repris.

À l'époque, les troupes d'archers étaient principalement composées de personnes qui s'entraînaient au tir à l'arc pour le plaisir, et non de soldats. Elles s'étaient transformées en clubs réservés aux nobles et aux riches citadins, offrant un passe-temps privilégié. C'est ainsi que la « chevalerie de l'arc » est née en France, vers le début du Moyen Âge.

Il est pertinent de se poser la question de savoir si cette jeune « chevalerie de l'arc » avait déjà des traditions similaires à celles qui sont transmises de nos jours.

La question peut recevoir une réponse positive à la lecture des Statuts et ordonnances du noble jeu de l'arc pour les archers de la ville de Lyon en 1628. Ces statuts révèlent que la cérémonie d'accueil ne se limitait pas à un simple serment, comme c'était le cas dans toutes les confréries de l'époque. Il était en effet impératif de s'engager à garder confidentielles non seulement la promesse, mais aussi les directives qui la suivaient. Les termes employés avec précision dans ces statuts sont remarquablement similaires à ceux utilisés dans les statuts du Compagnonnage. Ceci prouve sans conteste que le Compagnonnage a transmis une partie de ses rites et coutumes au sein de la chevalerie de l'arc.

Cela démontre également que cette dernière comportait, dès son apparition, une dimension « initiatique », bien avant les mélanges avec la franc-maçonnerie au cours du XVIIIe siècle.

LE SYMBOLISME

Le symbolisme peut être défini de plusieurs façons, et toutes ces définitions sont nécessairement incomplètes. On pourrait dire qu'il s'agit d'un élément concret qui évoque une réalité d'un autre ordre.
Contrairement à ce que pensent ceux qui ont perdu la faculté de comprendre les symboles, le symbole n'est pas utilisé pour cacher des vérités, mais bien pour les révéler. Il permet de mettre à jour des vérités insaisissables par l'intelligence rationnelle, c'est-à-dire celles qu'on ne peut exprimer avec des mots.
Le symbolisme est une fenêtre sur le monde, accessible à une pensée unifiée. Il est le seul moyen de comprendre le sens étymologique du mot « unir », en réconciliant les dualités et leur simultanéité.
Le Moyen Âge est une civilisation de l'oral et, plus encore, de la geste.
C'est un monde silencieux, à l'exception des rues des villes, bien sûr.
En règle générale, nos ancêtres ne parlent pas beaucoup. Ils s'expriment davantage par des hochements de tête et des onomatopées que par des discours longs et compliqués.

C'est pourquoi la gestuelle et le symbolisme revêtent une importance cruciale.
Ainsi, le rituel de l'adoubement est constitué d'une série de gestes symboliques, à la fois religieux et laïques, comme nous l'avons vu.
Si les mots sont rares, les objets et les images sont très nombreux, et tout aussi symboliques. Par exemple, les écharpes de Roy, Chevalier, Capitaine et Connétable. Ces objets et ces images sont d'autant plus essentiels qu'une grande partie de la population est illettrée.

Tout comme les « logos » (blasons) sur la poitrine des archers, la représentation en statues des saints patrons, tout est organisé en fonction de ce principe. C'est l'ancêtre de notre pictogramme, qui remplace bien des mots...
On peut se demander si l'utilisation du symbolisme n'est pas simplement un attachement à une tradition dépassée et démodée, surtout dans notre société moderne dominée par la pensée scientifique, axée sur la productivité et les médias numériques.
À quel usage répond-elle ?
Il est probable que le technocrate se pose cette question : « Qui suis-je vraiment ? » Le symbolisme offre une représentation plus précise et plus appropriée de la véritable nature de l'être humain, de sa dimension, de sa connaissance de soi, c'est-à-dire en fait de sa liberté et de sa conscience, et de l'idée d'un dépassement de soi.
L'arc, la flèche, le tireur forment une unité inséparable. La flèche est inutile sans l'arc qui la propulse, l'arc n'est rien sans l'énergie que l'archer y

injecte. Enfin, le but se trouve dans l'œil et dans l'esprit de l'homme.

C'est la flèche, envoyée par l'homme vers sa cible, qui crée un lien entre eux, établissant ainsi une relation de sympathie.
L'homme préhistorique a dû sentir, au moment même où il a inventé cette arme, qu'il y avait quelque chose de magique, de surnaturel, dans le bois courbé par la vigne. Nous ne faisons que continuer sur cette voie.
Il est manifeste que nous vivons dans un monde de symboles, et que ces symboles vivent en nous.
Le domaine de l'archerie est sans doute plus fascinant que tous les autres.
Sur le plan symbolique, l'arc et la flèche sont des représentations puissantes. Ils symbolisent la virilité dans de nombreuses cultures. Dans notre mythologie, Cupidon les emploie pour susciter l'amour.
Dans notre vie quotidienne, c'est bien la flèche qui montre la voie à suivre. Comme l'arc est important dans de nombreuses cultures, il est devenu un sujet d'étude et d'esthétique. Au-delà de sa fonctionnalité, il est orné de décorations, d'ornements et de motifs. Souvent, ces ornements ont un pouvoir magique qui vise à accroître son efficacité, ce qui en fait un produit artisanal extrêmement complexe nécessitant des compétences exceptionnelles. À chaque époque, l'arc, la flèche et le carquois sont le fruit d'une technicité et d'un travail soigné, reflétant une recherche esthétique unique.

En vérité, tout est empreint de symbolisme dans les sociétés d'archers.

Le jardin d'arc, les sentinelles, les buttes et même la vigne minuscule qui s'accroche désespérément à la terre glaise et ne prospère que grâce à l'affection des archers, tout cela est chargé de sens. Et la carte, véritable icône des icônes, ne fait pas exception à la règle.

Même si les aspects religieux sont absents des Jardins d'Arc, ils y sont toujours présents sous forme de symboles chargés de sens.

Tout d'abord, nous allons examiner le symbolisme de l'arc, puis nous nous plongerons dans l'étude du symbolisme du jardin d'arc. Il est important de noter que j'ai voulu indiquer les significations symboliques qui ont été attribuées à diverses époques ou, encore, par différentes compagnies d'arc.

Lorsqu'ils ne sont pas en service dans l'armée du roi, les archers s'entraînent dans un endroit clos qu'ils appellent le « Jardin d'arc ».

LE JARDIN D'ARC, D'HIER.

LE JARDIN D'ARC, D'AUJOURD'HUI

Un murmure des siècles : La flèche et la mémoire.

Sous la voûte feuillue d'un ancien mail planté, dans un paisible village d'Île-de-France, le pas de tir à l'arc beursault résonnait doucement du claquement régulier des flèches. C'était un dimanche d'automne, et les archers en habit traditionnel, brassard au bras et baudrier ajusté, se retrouvaient comme chaque semaine autour du tir de la saint Sébastien.

Parmi eux, Léonard, jeune archer admis récemment dans la compagnie, s'apprêtait à tirer sa première flèche en tournoi officiel. Silencieux, concentré, il écoutait les conseils du capitaine de la compagnie, un vieil homme à la barbe blanche nommé Maître Gérin, qui tirait ici depuis plus de quarante ans.

Mais ce jour-là, un incident rompit l'harmonie séculaire du lieu. Une vieille cible, que l'on croyait solide, se brisa net sous une flèche trop vive. Derrière elle, dans la terre retournée par l'impact, un objet ancien dépassa : une boîte de cuir scellée, couverte de poussière et d'inscriptions gothiques.

Intrigués, les archers s'approchèrent. À l'intérieur, un parchemin roulé, daté de 1481, racontait les exploits d'un archer de cette même compagnie, mort mystérieusement après avoir remporté un tir d'honneur. On murmurait depuis longtemps qu'un fantôme veillait sur le pas de tir, exigeant respect et silence. Et ce jour-là, chacun se souvint de la légende.

Léonard, tenant encore son arc, comprit que le tir beursault n'était pas qu'un sport : c'était une mémoire vivante, transmise de main en main, de flèche en flèche. Et qu'il lui revenait maintenant d'en protéger l'honneur.

Les symboles, peu importe, leur forme, parce qu'ils servent à relier l'inconnu au connu, sont universels, exprimant tout ce que l'inconscient a cherché à cacher au conscient.

L'arc représente une tension maximale qui se transforme soudainement et complètement en relâchement, au moment où la flèche, propulsée par la corde, se détache de l'arc. C'est un soulagement, une conclusion, un accomplissement. Finalement, c'est la flèche qui contient toute l'énergie libérée par l'arc. En observant sa force, elle le tue, le rend inerte, lui redonne la passivité du bois. Elle renferme la puissance, la rapidité, la précision, la force de pénétration, et elle ne cesse de transférer toute son énergie à la cible avant de redevenir inutile.

L'arc créateur.

L'arc et la flèche symbolisent non seulement une pénétration, celle de l'organe masculin dans le vagin féminin, mais aussi la création de la vie.
Le rêve de l'arc et de la corde est la vie. Mais où se trouve l'archer ?
Car si l'arc peut donner la vie ou la mort, l'archer reste souvent invisible et son action est parfois secrète (c'est-à-dire sacrée).
La corde, à l'origine de la vibration, est le lien qui unit l'archer à sa cible. Ce mouvement est le reflet de l'énergie qui circule entre l'archer et l'univers.
Elle est l'âme, la tension créatrice d'énergie, la naissance de la vie, l'essence même de la création.

Dans un de ses poèmes, LONGFELLOW écrit :

*« COMME LA CORDE EST À L'ARC, LA FEMME EST À L'HOMME,
BIEN QU'IL LA PLIE À SA VOLONTÉ. ELLE OBÉIT
BIEN QU'ELLE L'ATTIRE, ELLE LE SUIT ;
ILS SONT INUTILES L'UN SANS L'AUTRE. »*

Le vol cosmique.

Le pont qui enjambe la terre et l'eau, l'arc-en-ciel symbolise la relation entre la Terre et le Ciel, entre le monde matériel et le monde divin.
L'arc est donc un pont qui relie l'âme individuelle à l'âme cosmique, symbole de l'élévation de l'esprit vers les sphères célestes.
Pour les chrétiens, la flèche est un symbole de souffrance, mais aussi de rédemption.
L'image de la flèche, évoquant la droiture et le courage inébranlable (à l'instar de Robin des Bois), symbolise la quête incessante d'un objectif noble et altruiste.
Elle incarne également la rapidité de l'élocution, du son, elle est le Verbe (Pour les croyants, au commencement était le Verbe) :

- Un « *mot d'esprit* » qui frappe aussi fort qu'une flèche
- Un « *trait de génie* » est une fulgurance de la pensée.

- « *Trait d'humour* » : mot piquant qui « touche juste »
- Un « *trait d'union* » qui relie deux extrêmes ; etc....

La flèche est aussi un symbole de souffrance et de martyre. Le symbole est représenté par saint Sébastien, le patron des archers et des pestiférés.
Issues du Moyen-Âge, les Compagnies, comme c'était de coutume à l'époque, étaient placées sous la protection d'un saint.
Le culte des saints est l'une des pratiques religieuses les plus répandues au Moyen-Âge. Tous les individus et tous les groupes humains se tournent vers un saint patron pour les protéger et les guider.
Ces figures vénérées servaient de médiateurs privilégiés, capables d'accorder une multitude de faveurs. Il est pour les catholiques un témoignage de foi et une profession de foi.
Parmi les nombreux élus du calendrier liturgique, ceux qui jouissaient d'une grande popularité étaient : saint Roch, saint Martin, saint Nicolas, saint Vincent, saint Fiacre, et saint Sébastien.
Cependant, seuls vingt-deux saints ou saintes sont directement liés à l'arc.
Toutefois, trois d'entre eux se distinguent particulièrement :

— Saint Edmond, roi des Angles (vers 855), fut tué à coups de flèches par des Danois.

— Sainte Ursule, fille du roi de Bretagne, était promise en mariage à Conan, un tyran sanguinaire qui l'avait capturée. Refusant de se soumettre à ses désirs, elle fut transpercée de trois flèches par ce roi des Huns vers 383.

— Quant à saint Sébastien, il a été choisi comme saint patron en raison de son histoire personnelle et de sa légende. Il est également le protecteur des arbalétriers et des personnes atteintes de la peste.
Il est intéressant de noter que saint Sébastien est l'un des rares saints à avoir subi le martyre à deux reprises.

Saint militaire.

Sébastien, qui partage la compagnie de Martin, Maurice et Georges, est vénéré comme un saint guerrier. Il est considéré comme tel grâce à son passé militaire, mais aussi en raison de son courage face aux flèches, à la mort, de l'abnégation de sa personne pour le bien général, de son endurance à souffrir, de sa ténacité envers ses supérieurs et finalement de sa loyauté. C'est pour ces raisons qu'il sera élevé au rang de protecteur des archers et des artisans de l'armement durant le Moyen Âge.
Moins célèbre, il est devenu le protecteur des athlètes grâce à ses prouesses physiques remarquables, ainsi qu'à sa ferveur inébranlable dans la pratique de sa religion. On l'a également choisi comme saint patron des personnes homosexuelles.

SAINT SÉBASTIEN.
Son histoire.

En réalité, on ne sait pas grand-chose sur son existence.

Il est supposé avoir vécu à la fin du IIIe siècle et être décédé, selon le « Depositio Martyrium de 354 », le 20 janvier.

Le récit de sa vie, la « Passio Sancti Sébastiani », n'apparaît qu'un siècle plus tard.

Cette hagiographie, que le moine Odilon attribue à saint Ambroise dans son rapport de 826 sur la translation des reliques de saint Sébastien à Saint Médard de Soissons, aurait été rédigée au début du Ve siècle.

Elle sert de point de départ à toutes les histoires ultérieures, et en particulier à celle de Jacques de Voragine, qui, vers 1264, raconte et diffuse la vie du saint dans sa célèbre « Légende dorée ».

Sébastien est l'un des martyrs chrétiens les plus connus et les plus vénérés de l'histoire romaine. Il est l'un des rares saints à avoir subi un double martyre.

Né à Narbonne en Gaule en 260, il a des origines milanaises et a connu son destin tragique à Rome en 288.

Narbonne et Milan s'estiment toutes deux comme la ville de naissance de ce héros chrétien.

En vérité, il est lié aux deux villes, puisque son père était un noble gaulois de Narbonne et sa mère était milanaise.

Les récits datant du Ve siècle, qui ne sont pas nécessairement fiables, décrivent son histoire

comme légendaire.
Ces écrits constituent pratiquement la seule source d'information sur sa vie.

Pourquoi a-t-on choisi ce saint comme protecteur des archers ?

Selon « L'Iliade », Homère raconte comment, alors qu'ils étaient près des côtes de Troie, la flotte grecque fut décimée pendant neuf jours par une épidémie provoquée par Apollon, qui voulait ainsi punir Agamemnon d'avoir enlevé la fille du prêtre Chrysés.
Cette épidémie rappelle étrangement celle décrite dans la Bible, où un ange envoie un démon ailé pour anéantir l'humanité.
Tout nous ramène à l'image de la colère divine contre l'humanité et à Sébastien, frappé par des flèches portant la mort, ainsi qu'à la beauté d'Apollon qui sera accordée à Sébastien.
Il est raisonnable de penser qu'au XVe siècle, le souvenir de ce mythe méditerranéen était encore ancré dans les esprits.
Sébastien est devenu celui qui était capable d'attirer sur lui l'épidémie symbolisée par les flèches.
Il a ainsi détourné sur lui-même le mal frappant le peuple de Dieu.

LE MARTYR DE SAINT SEBASTIEN

Un regard en arrière.

Reims, 1379. Nuit de la Saint-Sébastien. Une torche dans chaque main, les archers vêtus de capes noires forment une double haie silencieuse.
Le jeune Colin s'avance. On lui bande les yeux. Il sent une corde qu'on lui place entre les doigts, puis un souffle sur son front. La voix du maître dit :
— Trois choses tu ne trahiras pas : le tir, la ville et le frère.

Et si tu vises avec colère, que la corde se rompe et que l'if te renie.
Une flèche est posée sur son épaule. Le bandeau est retiré. Devant lui, sur la poutre du plafond, un petit oiseau peint en rouge. Il tend l'arc. Tire. Silence.
Le papegai tombe.
Un murmure d'admiration.

Il est admis.

*

Le Moyen Âge est une civilisation de l'oral et, encore plus, celle du Geste.
Dans ce monde où Dieu règne, sans partage, le silence domine, à l'exception des rues des villes, bien entendu.
De manière générale, nos ancêtres ne parlent pas beaucoup. Ils préfèrent communiquer par des hochements de tête et des onomatopées plutôt que par de longs discours.
C'est pourquoi la communication non verbale et les signes symboliques revêtent une importance cruciale.
Ainsi, l'intronisation se compose d'une série de rituels symboliques, à la fois sacrés et profanes.
Bien que les mots soient rares, les objets et les images abondent, chacun d'entre eux chargé de signification, comme les écharpes de roi, chevalier, capitaine et connétable. Ces objets et icônes sont d'autant plus essentiels qu'une grande partie de la population est illettrée, leur servant ainsi de repères visuels.

On peut se poser des questions sur l'utilité du symbolisme, qui semble être un attachement à une tradition dépassée, surtout dans notre société moderne, où la science, la productivité et les médias occupent une place importante.

L'arc, depuis les temps les plus reculés et dans toutes les civilisations, a toujours été associé à des champs symboliques universels : il est à la fois une « arme », un « outil », un « instrument », un « langage universel », un « trait d'union » entre l'humanité et la lumière. Ses traditions et symboles se transmettent de génération en génération, malgré les vicissitudes de l'histoire, et sont toujours vivants et présents au XXIe siècle.

Le symbolisme peut être défini de plusieurs manières qui seront inévitablement incomplètes. On peut donc le décrire comme un élément concret qui évoque une réalité d'un autre ordre. Contrairement à l'idée fausse répandue par ceux qui ont perdu cette forme de compréhension, le symbolisme ne sert pas à dissimuler des choses aux regards indiscrets, mais plutôt à révéler des vérités inaccessibles à l'intellect rationnel, c'est-à-dire des vérités qui ne peuvent être exprimées en mots.

Pour quelle raison cela existe-t-il ?

Quel est le vrai sens qui se cache derrière tous ces gestes, mots et expressions ?

Ces questions sont probablement celles que se posent les technocrates. En effet, le symbolisme offre une représentation plus précise et plus appropriée de la nature profonde de l'homme, de sa dimension, de sa compréhension de soi, c'est-à-dire en d'autres termes de sa liberté, de sa conscience et de l'idée d'un dépassement de soi.

L'arc, la flèche et le tireur sont des entités inséparables. La flèche est inopérante et donc inutile sans l'arc qui la propulse. L'arc, quant à lui, ne possède aucune énergie tant qu'un archer ne le charge pas. Enfin, le but est situé dans l'œil et dans l'esprit de l'homme.

C'est la flèche qui, lancée par l'homme sur la cible, établit finalement un lien de sympathie entre les deux.

Dès qu'il a conçu cette arme, l'homme a perçu une sorte de magie ou de puissance surnaturelle dans le bois courbé par la corde. Sans l'exprimer explicitement, il a pressenti qu'il y avait quelque chose de spécial dans cette combinaison de matériaux. Nous ne faisons que poursuivre dans cette voie.

Il est manifeste d'affirmer que notre monde est rempli de symboles et que ces symboles habitent en nous. Le monde de l'archerie est peut-être encore plus fascinant que tout autre domaine. Sur le plan symbolique, l'arc et la flèche revêtent une signification profonde : ils représentent la virilité dans de nombreuses cultures. Dans notre mythologie, Cupidon s'en sert pour faire naître l'amour. Dans nos vies quotidiennes, c'est aussi la flèche qui montre la bonne direction. L'arc étant important dans plusieurs cultures, il est devenu lui-même un sujet de recherche et d'élaboration esthétique. Au-delà de sa fonctionnalité, il est orné de décorations, d'ornements et de motifs, qui, grâce à leurs pouvoirs magiques, devraient accroître son efficacité. Cela fait de ce produit un article artisanal très travaillé, exigeant un savoir-faire de haut niveau. Chaque époque voit la naissance d'un arc, d'une flèche et d'un carquois, fruits d'une technicité et d'un travail soigné qui reflètent une esthétique unique et remarquable.

Tout est symbolique dans les compagnies d'arc : le jardin, les gardes, les buttes, le petit pied de vigne (qui s'accroche désespérément dans la terre glaise, et

qui ne pousse que grâce à l'amour que lui portent les archers) et, enfin, la carte, symbole des symboles.
Bien que le religieux soit absent des jardins d'arc d'aujourd'hui, ses traces et ses significations demeurent.

Le symbolisme représente une fenêtre ouverte donnant accès à un univers seulement perceptible par un mode de pensée unitaire. Seul, il a le pouvoir de saisir (dans le sens étymologique du terme « comprendre ») les dualités et leur coexistence simultanée.
Pour rendre la lecture du vocabulaire spécifique du tir traditionnel plus facile, il sera présenté dans l'ordre alphabétique des termes.

L'ABAT D'OISEAU :
Évocation le chant du coq lorsque saint Pierre renia trois fois le Christ.
L'oiseau symbolise l'esprit qui se pose sur celui qui est désigné. L'heureux élu reçoit les honneurs de tous. Il se sent ainsi un autre homme, il est le roi, celui qui est touché par la grâce.
ADOUBEMENT :
De la francisque Duban = frapper ; cérémonie d'accès à la chevalerie, d'origine germanique, fermement attestée dès le Xe siècle au cours de laquelle un homme reçoit des mains d'un parrain, déjà adoubé, son intronisation.
ALLÉE DU ROI :
Allée centrale entre les deux buttes uniquement utilisées par le « ROY ».

Représente le « Saint-Esprit » qui mène d'une cible (butte maîtresse), et à l'autre (butte d'attaque) qui représente le « Fils ». Les rois, ayant toujours représenté Dieu (le père) sur terre d'où le parallèle avec le Roy du jardin d'arc. C'étaient aussi de ce fait les chefs de l'Église de leur pays.

AMALGAME :
Une partie est dite « amalgamée » quand tous les archers qui se présentent au jour et à l'heure indiquée peuvent y prendre part.
Un peloton est dit amalgamé quand les tireurs qui le composent appartiennent à des compagnies différentes.
Un tir est dit amalgamé quand les flèches tirées comptent pour deux prix à la foi.

AMENDES :
Elles ont une visée symbolique. En effet, la maîtrise de soi est indispensable à l'homme équilibré. La menace d'avoir à payer une forte amende l'invite à réfléchir avant d'agir ou parler, à se contrôler.

ANSPESSADE :
Jeune noble désargenté pour s'offrir une tenue complète de chevalier. Il peut juste s'offrir une tenue d'archer.

ARC :
Le tir à l'arc résume exemplairement la structure de l'ordre ternaire, tant par ses éléments constituants : l'arc, la flèche, la corde, que par les phases de sa manifestation ; tension, détente, jet. Le corps de l'arc représente la terre : Eva, la flèche ; trait qui symbolise l'âme avec des plumes blanches pour Marie et l'eau (la pureté), la corde représente l'esprit, le feu, le soleil rouge (chez les Grecs, les flèches

d'Apollon ont été propulsées grâce à la corde rouge spirituelle).

Dans les sociétés fortement hiérarchisées, le champ symbolique de l'arc va de l'acte créateur à la recherche de la perfection, tant, socialement, comme en témoigne son rôle dans la chevalerie que spirituellement.

Le tir à l'arc est à la fois fonction royale, et exercice spirituel.

L'arc est en tout lieu

1. ARME ROYALE :

Arc vient du grec « Archi » qui signifie « commencement », mais aussi « Archegos », celui qui « commande ». C'est une arme de chevalier, il est en conséquence associé aux initiations.

2. ARME SPIRITUELLE :

Qui tire ? Quelque chose qui n'est pas moi, mais l'identification parfaite du moi à l'activité non agissante du ciel. Dans quel but ? ;

Confucius disait déjà que le tireur qui manque le but doit rechercher l'origine de l'échec en lui-même.

Mais c'est en lui-même aussi qu'est la cible.

Le centre d'une cible, c'est le centre de l'être, c'est le soi.

L'arc est enfin symbole du destin : image de l'arc-en-ciel. Il manifeste la volonté divine elle-même.

ARC :

Représente Dieu le père. Si l'on se réfère aux descriptions des arcs dans l'histoire, on constate qu'une longueur de 1,618 m pour la corde est une hypothèse tout à fait probable, car, si l'on prend le nombre d'or : $1 + \sqrt{5}$, on obtient 1,618, ce qui

correspond aux proportions considérées comme esthétique selon le dictionnaire du Petit Robert.
ARC BRISÉ :
Signifie la mort
ARC TENDU :
Représente la rondeur de la terre
ARC EN TENSION :
Représente l'arc-en-ciel
ARS EN CIEL :
Le Chemin et la médiation qui séparent l'ici-bas et l'au-delà.
Il est le pont qu'empruntent Dieux et Héros entre l'autre monde et le nôtre. Cette fonction est quasi universelle.
Il comporte 5 couleurs (cf. ; cinq).
ARCHER :
Symbole de l'homme qui vise quelque chose et qui déjà d'une certaine façon l'atteint en effigie.
L'homme s'identifie à son projectile. Il s'identifie également à son but, fut-ce pour prouver sa vaillance ou son habilité. Doubles phénomènes d'identification et de possession.
ARME :
L'arme, c'est l'anti-monstre qui devient monstre à son tour.
Créée pour lutter contre l'ennemi, elle peut être détournée de son but et servir à dominer l'ami ou simplement l'autre.
L'arc et la flèche sont des attributs du guerrier.
ASPIRANT :
Membre d'une compagnie ayant plus d'un an d'ancienneté, il devient alors archer, puis, éventuellement, plus tard chevalier.

BAGUE :
Désigne sur une carte Beursault ou sur un Marmot le cercle mince entourant le noir.
BAILLOT OU BAILLET :
Impact au noir brûlé
BALADE :
« GRANDE BALADE », désigne l'avant-dernière halte d'un tir Beursault.
« PETITE BALADE », désigne la dernière halte d'un tir Beursault.
BAN :
Ban seigneurial comporte la convocation des hommes libres à l'armée (l'Ost) remplacée souvent par des corvées d'entretiens du château, des réquisitions pour les hommes de guerre.
L'Arrière-ban concerne la levée des hommes du commun sur ordre royal.
BANNIÈRE :
Les chevaliers appartenaient au Moyen Âge à ce que l'on appelait « LE BAN » d'un seigneur plus puissant, un « BANNERET », c'est-à-dire assez riche pour regrouper plusieurs chevaliers moins fortunés et les rassembler sous sa bannière, soit sous sa protection. (D'où l'expression inverse : « mettre au ban » = en dehors de, expulser, exclure).
Symbole de protection, accordée ou implorée. Le porteur d'une Bannière la soulève au-dessus de sa tête. Il jette en quelque sorte un appel vers le ciel, il crée un lien entre le haut et le bas, le céleste et le terrestre. La Bannière suspendue au-dessus de la terre, c'est être initié aux secrets divins.

BANQUET :
Rituel quasiment universel. Il exprime, un rite de communion et plus, précisément celui de l'Eucharistie. Par extension, il est le symbole de la communion des saints, c'est-à-dire de la béatitude céleste par le partage de la même grâce et de la même vie.

BARBE :
Autre nom pour désigner une flèche barbelée. On peut mettre en rapport avec Sainte-Barbe, sainte patronne des sapeurs au Moyen Âge. Au moyen — Orient (Syrie, Liban), elle est fêtée le 4 décembre, de la même manière que nous fêtons Halloween en Occident. Son symbole est un épi de blé qui rappelle d'ailleurs la flèche barbelée.

BÉAT :
Tireur appartenant alternativement à l'un ou l'autre des pelotons lorsque, dans un tir en partie, le nombre des tireurs est impair.

BERSAILLER, BERSAUDER, BERCER :
Tirer à l'arc en vieux français.

BLANC :
Somme de l'ensemble des couleurs du spectre chromatique, le blanc représente, la perfection sur tous les plans. Son irisation donne l'arc-en-ciel.
Diurne, c'est une couleur de passage :
3) Passage du matin à l'Est avec l'aube
4) Passage du soir à l'ouest avec le couchant.
Le blanc du matin monte de la matité à la brillance, le blanc du soir descend de la brillance à la matité, mais les deux sont vides, « suspendus entre absence et présence, entre lune et soleil, entre les deux faces du sacré ».

Toute naissance est donc renaissance/c'est le cycle nycthéméral de la vie. C'est la couleur de la rareté, donc de la virginité. Le blanc est aussi le secret correspondant à la lumière intérieure. Il est couleur de passage dans le sens où l'on parle de rites de passage. Rites de passage par lesquels les mutations de l'être selon le schéma classique de toute initiation : Mort/Renaissance.

C'est aussi la couleur de la tenue des archers. Et, si, à certaines époques, elle est au libre choix des compagnies, en 1774, Louis XV le fixe de manière unique pour tout le royaume par ordonnance :

HIVER (De Toussaint à Pâques) : habit bleu, galonné d'or, veste chamois ;

ÉTÉ (de Pâques à Toussaint) : Veste et culotte blanches, chapeau bordé d'or.

En Extrême-Orient, les plumes mises sur les flèches sont blanches, c'est pour chasser les mauvais esprits qui se cachent dans les lieux sombres. Elles servent aussi à éviter les sortilèges qu'à être repérée sur la cible.

BLASON :
Partie de cartes ayant valeur de marque.

BLASON (HÉRALDIQUE) :
Chaque compagnie possède aujourd'hui ce que l'on appelle un « Logotype » ou « Logo », soit un symbole formé d'un ensemble de signes graphiques représentant un groupe.

Cette marque de reconnaissance n'est pas nouvelle. Le blason personnalise le chevalier et sa lignée. Il était peint sur le bouclier qui se nommait « L'Écu » d'où le nom d'« Écusson ».

Cet insigne était cousu sur la veste de la « livrée » (ancêtre de l'uniforme). IL est souvent assez grand pour recouvrir la plus grande partie du devant et le motif était répété dans le dos.

D'autres étaient plus petits et se portaient sur la poitrine à gauche, avec ou sans motif identique dans le dos.

L'héraldique est à la fois un code social et un système de signes. Ce dernier se construit à partir de figures et de couleurs selon des principes et des règles. L'ensemble de ces règles forme une sorte de grammaire que l'on appelle le blason.

Le terme français « héraldique » dérive du mot « Héraut » qui vient lui-même du germanique « Heriwald » signifiant « Messager ». Le héraut est un fonctionnaire qui a pour mission de porter les messages, peu à peu il se spécialise dans le domaine héraldique.

Depuis le Moyen Âge, beaucoup d'hypothèses furent émises pour tenter d'en expliquer les origines. Certaines, connurent une longue longévité, mais sont actuellement récusées.

Notamment 3 :

1 la première qui affirme une origine orientale (coutume musulmane ou byzantine ;

2 la deuxième, affirmant une origine gréco-romaine ;

3 la troisième, la plus couramment admise comme étant la véritable explication, qui affirme une origine due aux croisades.

Or, lors de la première croisade, il n'existe pas d'armoiries. Lors de la deuxième, celles-ci sont déjà bien en place. On s'accorde donc aujourd'hui pour reconnaître que c'est en Occident qu'elles sont nées : leur naissance eut lieu sur les champs de bataille. Les combattants, par leurs tenues, sont devenus méconnaissables, et ils prennent peu à peu l'habitude de faire représenter sur leur bouclier des signes de reconnaissance, bien utile au cœur des batailles ou plus encore dans les tournois.

Ces pratiques vont s'instaurer dès la 1re moitié du XIIe siècle. Puis des professionnels de la guerre et des tournois, « les hérauts d'armes » vont transformer ces pratiques en règle très précises et codifiées.

Mais ce n'est pas la seule explication. Les armoiries naissent à la même époque que l'apparition des noms patronymiques. L'héraldique apporte des signes d'identité nouveaux. Elle aide à placer les individus dans des groupes et ces groupes dans l'ensemble du système social.

Très tôt, les chevaliers ne se contentèrent pas de faire peindre sur leur bouclier, les armoiries, ils les firent également représenter sur leur bannière, sur leur caparaçon, leur cotte et bien d'autres endroits.

Cette pratique s'est étendue aux combattants, non-chevaliers et à des personnes morales (femmes dès 1180, bourgeois vers 1220, artisans vers 1230, villes vers la fin XIIe siècle).

Aujourd'hui, l'héraldique se retrouve dans tous les domaines, et principalement le sport : écussons, fanions, bannières, couleur de maillot, écharpes.

Comme au Moyen Âge, chacun est libre de créer et utiliser les armoiries de son choix, une seule règle ; ne pas usurper celles des autres.

Marques et formules emblématiques à commencer par « les logos » fleurissent et se situent sur la marge de l'héraldique à laquelle elles font parfois concurrence.

BOUQUET :

Aux XIVe et XVe siècles, la guerre de Cent Ans réactualisa l'usage de l'arc dans un conflit où la royauté française enrôla les compagnies existantes dans les milices facilement mobilisables. Les compagnies d'arc dotées de règlements et astreintes à une discipline militaire devaient maintenir un bon niveau technique. L'émulation imposa les compétitions. Le Bouquet apparut donc il y a sept siècles pour faire concourir tous ceux d'une même province (Valois, Artois, Hainaut, Brie) Héritier des anciens tournois, le Bouquet reste surtout une grande fête, lors de laquelle les populations fêtaient à cette occasion ceux qui assuraient la défense des bourgs. Aujourd'hui, les décorations des maisons dans les rues de la ville témoignent encore de l'attachement des habitants à la compagnie locale. L'organisation de cette grande fête de l'archerie, la plus grande, qui se déroule pendant la période de mai, juin, ou dans un but désintéressé, une compagnie, lance un défi (mandat) aux autres compagnies, pour s'affronter, rivaliser d'adresse et en garder un bon souvenir. Tel était aussi l'esprit des chevaliers d'épée lorsqu'ils organisaient des tournois. Le bouquet suit donc le même cérémonial de la présentation des tournois du Moyen Âge. Les principaux rituels sont en trois parties bien distinctes : « la parade », avec défilé qui comprend les tambours, le clergé, les trois drapeaux des

Bouquets (le précédent, l'actuel, le futur), les jeunes filles de la ville, sont ceintes d'une écharpe aux couleurs de la compagnie, ce qui équivaut aux « montres » qui précédaient les tournois, le brancard sur lequel se trouve « le bouquet », les jeunes filles de la ville organisatrice l'année précédente, portant le « vase » offert à la ville organisatrice, suivent les « gardes — pantons », les prix d'honneur, objet d'art et pantons, les officiels politiques communaux, régionaux, nationaux, fédéraux, les dignitaires et enfin, les compagnies avec les drapeaux accompagnés de fanfares. « La messe », en présence de Monseigneur l'Évêque, met fin aux cérémonies purement officielles, suivies d'un banquet. « Le grand prix et le prix général » sont ensuite disputés, par les compagnies chacun à leur tour, l'équivalent des joutes des tournois.

C'est d'ailleurs la seule et dernière grande manifestation qui réunit en même temps toutes les autorités religieuses et laïques, depuis leur séparation en 1905.

Si la fédération Française de tir à l'arc est aujourd'hui une fédération sportive olympique, sa modernité et son fonctionnement ne peuvent pas être conçus sans son solide ancrage dans les traditions.

Libre à chaque archer de s'identifier à elles, encore bien vivantes, aujourd'hui.

Le bouquet Provincial est une tradition ininterrompue en France depuis le Moyen Âge, très présent en Picardie, et en Île-de-France et en Champagne.

Le premier bouquet Provincial recensé date de 1398.

À l'instar des jeux Olympiques qui ont leurs cérémonies d'ouverture, le Bouquet Provincial est la journée de rassemblement des archers qui pratiquent le tir Beursault. La fête a généralement lieu un dimanche du mois de mai, en extérieur. Tous les habitants et commerçants y participent, notamment en décorant les rues, les habitations et les moments monuments de la ville.
Cet événement national se déroule en deux parties.
1° Rassemblement d'archers venus des quatre coins de l'hexagone, ensuite tournois fraternels, appelés Grand Prix du Bouquet. C'est le plus important de France étant donné le nombre des participants qui pour les qualifier d'îles de France, de Picardie et de Normandie. Il assure une qualification automatique au championnat de France Beursault.

L'organisation d'un Bouquet Provincial.

Tous, d'abord, une compagnie ou un club d'une ville candidatent conjointement auprès de la fédération Française de tir à l'arc afin d'obtenir l'accord pour organiser cette grande manifestation populaire, sachant que 3000 à 3500 personnes environ participent au défilé.
La cérémonie d'ouverture débute par la présentation des drapeaux.
En 2015, par exemple, à Provins, 300 drapeaux se sont présentés à l'enregistrement au greffe.

Généralement, un tir aux assiettes est organisé afin de permettre aux nombreux participants de patienter jusqu'à la mise en place du défilé.
Un dépôt de gerbe au monument aux morts est mis en place puis, suivant le souhait de l'organisateur, l'arrivée du Bouquet de la ronde est mise en scène.

La mise en place du défilé et l'enregistrement des drapeaux donnent déjà le ton d'une ambiance festive. Le parcours généralement long de trois kilomètres deux cents se déroule au son des fanfares dans les rues de la ville que les archers et les habitants pavoisent à leurs couleurs.

En tête du défilé, le vase de Sèvres, la compagnie organisatrice. Puis viennent les officiels, la compagnie qui prendra en charge le prochain Bouquet l'année suivante, puis les compagnies qui prêtent leurs jeux d'arc pour la compétition.

EN TÊTE DE CORTEGE LE VASE DE SEVRES

Suivent toutes les compagnies participantes. Ce long ruban est entrecoupé par des chars décorés.
Une messe généralement célébrée par un évêque clôture la journée.

LE CORPS DU DEFILE AVEC TOUTES LES COMPAGNIES.

Le grand prix du Bouquet

Le grand prix du Bouquet qui se tire sur une carte et un marmot spécifique débute dès le lendemain du rassemblement pour se terminer trois mois et demi plus tard.

De nos jours, des compagnies amies ouvrent leurs jeux pour permettre aux environ 1700 participants de concourir dans les meilleures conditions.

On peut dire que cette compétition est la plus importante en France et c'est aussi la seule qui est dotée chaque année depuis Louis Philippe d'un vase de Sèvres offert par la présidence de la République Française. Ce trophée d'exception incite les archers à donner le meilleur d'eux-mêmes pour remporter ce concours.

C'est le plus beau noir dans la catégorie des arcs classiques hommes/femmes confondus. Le vainqueur se voit remettre le vase par le préfet au nom du président de la République.

Les arcs à poulies ne sont pas oubliés. Cette catégorie est récompensée d'un présent de valeur.

Enfin, les Amis du musée de l'Archerie et du Valois offrent un saint Sébastien pour la compagnie de l'archer vainqueur du prix en arc droit

Regardons de plus près...
L'honneur sous la bannière.

Le matin se levait sur la petite ville de Picardie qui accueillait, cette année-là, le bouquet provincial. Les rues étaient parées de drapeaux, les compagnies d'arc venues de toute la France défilaient en habits d'apparat, bannières hautes et tambour battant. Clochettes, plumes, broderies, tout rappelait l'héritage vivant de la chevalerie et des francs-archers.
Émilie, archère d'une compagnie de Normandie, participait pour la première fois à cet événement sacré. Elle avait entendu parler des bouquets comme d'un mélange étrange entre tradition religieuse, fierté fraternelle et excellence au tir.
Ce jour-là, elle le vivait pleinement.
Le pas de tir, dressé dans un pré communal, était entouré d'anciens aux regards fiers et de jeunes tireurs fébriles.
Le tir de l'abat-oiseau allait commencer.
Une cible en forme d'oiseau sculpté, perchée à 50 mètres sur un mât, attendait d'être abattue par la meilleure flèche.
Émilie banda son arc long, sculpté par son grand-père, compagnon d'arc avant elle. Dans un silence presque solennel, elle visa. Sa flèche fendit l'air et atteignit le bois, éraflant l'aile de l'oiseau. Un murmure parcourut l'assemblée..

Quelques volées plus tard, un vieux maître d'arc s'approcha d'elle. Il lui tendit une médaille en bois peint, frappée de lys :
— Pour l'élan et l'élégance.
Elle n'avait pas abattu l'oiseau, mais elle avait marqué les cœurs.
En repartant, elle comprit que le bouquet n'était pas seulement une compétition.
C'était une mémoire, une fraternité, une fête du tir comme un rite de passage entre les siècles.

BAILLOT ou BAILLET :
Impact au noir brûlé.
BRACELET :
La conduite du Saint-Esprit.
BRASSES :
Nom donné aux différentes zones d'une carte Beursault. La première est la plus proche du grand cordon, la petite Brasse est celle située dans le Chapelet.
BROCHE :
Tige de fer ou en bois qui fixait sur la butte la cible en étoffe. On la place au centre ; lorsque l'archer touchait ce centre, on disait qu'il avait fait « un coup de broche ».
Représente les clous de Jésus sur la croix.
BRÛLÉ :
Se dit d'une flèche dont l'impact touche la limite de 2 zones et désigné par la zone de valeur supérieure : un noir brûlé est un impact à cheval sur le bord du noir. On dit aussi qu'il est bagué.
BUT EN BLANC :
C'est le tir tendu, direct sans paroles que l'on appelait autrefois : « DE BUTTE EN BLANC ».
Avant d'être « CE QUE L'ON VISE », le but ou butte était l'endroit d'où l'on tire, généralement un monticule surélevé. Le blanc était la cible (le mot cible, venant de Suisse et ne s'est répandu qu'à l'époque napoléonienne).
Cela signifie donc le lieu où l'on est posté pour tirer jusqu'à celui où l'on doit tirer et où est attaché le blanc sur lequel on vise. On a dit également à une époque de « DE POINTE EN BLANC ». Le jeune Gargantua fait allusion à cela : « Je visoyt à l'œil,

tyrait à la butte, au papagay du bas en mont, d'amont en vol, d'avant, de coste et en arrière, comme les Parthes ». D'où l'expression être en butte, c'est-à-dire exposer comme une cible, être dans le champ de tir.

BUTTE :
Devant : poteau de flagellation.
Derrière : les limbes.

BUTTE MAÎTRESSE : le poteau où Jésus a été attaché.

BUTTE D'ATTAQUE : le prétoire du jugement de Pilate.

CAPITAINE :
Du latin « Capitaneus », ce terme désigne un chef militaire. Il fut créé en 1355 et correspondait d'abord au grade de colonel. Dans l'armée royale française à partir du milieu du XIVe siècle, le capitaine commandait à une compagnie de gens de trait et servait le roi en vertu d'une « lettre de retenue ».

Chez les Francs-Archers, un capitaine permanent encadre 50 à 80 archers qui avaient pour mission en temps de paix de les passer en revue 2 à 3 fois par an et, en temps de guerre, de les mener au combat.

En 1466 ; Louis XI réforme l'institution en augmentant les effectifs et en créant 4 circonscriptions pourvues chacune d'un capitaine général, commandant 4 000 hommes (archers et vougiers).

C'est le chef de la compagnie, il est chargé de la direction et de l'administration de celle-ci.

CARTE :
Concernant la carte Beursault, il est dit que :

« LE DESSUS GAGNERA LE DESSOUS, LE DESSOUS DE LA DROITE, ET LA DROITE DE LA GAUCHE ».

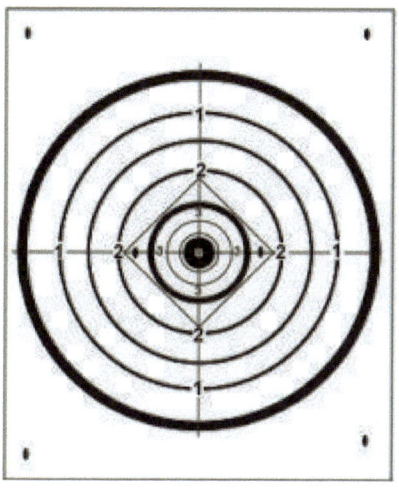

Que faut-il comprendre ?

Au Moyen Âge, lorsque les archers soldats s'entraînaient, cette carte symbolisée la poitrine d'un homme de taille normale ; d'où le dessus (le torse) est plus vulnérable qu'une blessure au-dessous (les jambes), de même un coup à gauche de la poitrine, mais qui est à droite en regardant la carte (le cœur) est plus mortel qu'un coup à droite, à gauche en regardant la carte la poitrine. Les cordons sont jugés défavorables, car on considérait que la flèche ne faisait qu'érafler la poitrine de l'adversaire. Il symbolisait autrefois le mouchoir de St Véronique qui essuya le visage du Christ.

CARQUOIS :

Le tombeau du Christ. Couire en vieux français.

CENTRE :

Un des quatre symboles fondamentaux avec le cercle, la croix, et le carré.

Le centre est, avant tout le principe, le réel absolu, le centre des centres ne pouvant être que Dieu. Il est le lieu de considération et de coexistence des forces opposées, le lieu de l'énergie la plus concentrée. Le centre n'est pas à concevoir comme une position simplement statique. Il est le foyer d'où part le mouvement de l'un vers le multiple, de l'intérieur vers l'extérieur, du

non-manifeste au manifesté, de l'éternel au temporel. L'homme qui cherche à atteindre le centre est l'homme qui veut être libéré ; libéré de tous les conditionnements. Toucher, le centre fait éclore un homme nouveau. L'intersection centrale des lignes représente les Chevaliers absents ou décédés.

CERCLE :
Le cercle est d'abord un point étendu, il participe de sa perfection. Aussi, symboliquement, il représente la perfection, l'homogénéité, absence de distinction ou de division. En tant que forme enveloppante, le cercle est aussi un symbole de protection, d'une protection assurée dans ses limites.

CHAMBRE :
Le rituel d'adoubement impose le passage par une chambre secrète (caveau, souterrain, pièce fermée, trou dans le sol). C'est un lieu éloigné de tout curieux. Souvent, il y passe la nuit, il est censé recevoir, dans le sommeil ou à l'état de veille, les révélations de la divinité. Elle symbolise le lieu de la mort du vieil homme et de la naissance de l'homme nouveau.

CHAPELET :
Coup réalisé à l'intérieur du petit cordon.
Au Moyen Âge :
1) **Référence religieuse** : Chapelet que l'on récite pour le salut de l'âme. Or, la flèche à qui l'archer à donner vie finie sa course dans le noir (Mort), elle obtient, ainsi, son salut.
2) **Référence civile** : Marque d'honneur accordée aux Comtes et barons.
En fait, le terme est un mot d'origine assez inattendu, c'est le diminutif de « Chapel », ancienne forme de « Chapeau ». Or, nous savons que cette pratique de tir remonte au Moyen Âge, époque où la foi est très vive. Chaque maison d'alors possédait une statuette de la Vierge sur la tête de laquelle on posait une couronne de fleurs, un « chapel de roses ». On avait l'habitude, le soir, de dire une courte prière sur

chaque fleur, de sorte que le « chapel » de la Vierge devint un objet de piété.

Peut-on aussi y voir une relation avec nos Bouquets ? Peu commode, on imagina d'enfiler sur un cordon des grains de bois ou de métal qui tinrent les fleurs et l'on donna à l'ensemble le nom de « chapelet », c'est-à-dire « petit chapel ».

Enfin, le chapelet se compose de cinq dizaines (cinq zones), c'est-à-dire de quarante grains, en souvenir des quarante heures qui ont précédé la résurrection du Christ et en rappel des quatre fins dernières des Évangiles.

Doit-on y voir nos quarante haltes, et les deux haltes d'essai et de salut ? Le cercle central appelé « Noir » ne mesure-t-il pas quarante mm ?

Ne pas oublier non plus que Panton vient de « Rosaceae » qui veut dire fleur de rose à cinq pétales.

CHEF-D'ŒUVRE :
Œuvre que doit réaliser le postulant compagnon du devoir lors de sa réception à la maîtrise de sa corporation.

CHEVALIER :
Le chevalier, en dehors même de son histoire, est un élément de culture et un type supérieur d'humanité. Il exprime, sous la forme de symboles, un certain nombre de valeurs.

L'idéal de la chevalerie se résumerait en un accord de loyauté absolue envers des croyances et des engagements auxquels toute sa vie est soumise. Il exprime un refus de la corruption ambiante, et surtout sous son aspect de félonie.

Le chevalier n'est pas un souverain, il est servant.

Un vrai chevalier est celui qui participe.
CHEVALIER DANS LE JARDIN :
C'est Jésus se promenant dans le jardin.
CHEVALIER ALLANT D'UNE BUTTE À L'AUTRE :
Jésus renvoyé d'Hérode à Pilate.
CHEVALIER DERRIÈRE LA BUTTE :
Il représente Judas.
CHEVALIER DEVANT LA BUTTE :
Il représente le calvaire.
CIBLE ANGLAISE :
Elle représente le ventre du monde ; « Du limon, matéria prima, de l'alchimiste, tu œuvreras »

- Le noir = corbeau, terre,
- Le blanc = colombe, rosée, nuages
- Le bleu = mésange, voir le ciel,
- Le rouge = paon soleil or du feu fixe.

On peut constater que, dans les cibles actuelles, les deux premières zones sont inversées.
Si l'on se penche dans le domaine des chiffres, on obtient ;
Corbeau (noir) = sept lettres
Colombe (blanc) = sept lettres
Mésange (bleu) = sept lettres
Paon (rouge) = quatre lettres
Soit vingt-cinq lettres, soit 2 +5 = 7
Enfin or deux lettres = 7 + 2 = 9. Le neuf, représente le chiffre parfait, le centre de l'étoile.
Le neuf est le chiffre de la germination. Sa forme stylisée est celle du germe « fotus ». Le 9 est en fait le germe, le début. Il naît de deux chiffres le 10 ; le 1 qui

a reçu une nouvelle germination, un état « neuf » par le « O » qui lui est associé.
C'est repartir à zéro : une nouvelle naissance ; un nouveau cycle.
Le 9, symbolise l'universalité totale.
Il est lié à la puissance de « 3 », car « 9 » = 3X3 = 3 carrés : trinité par trinité.
Il symbolise le renouveau, le point de départ (neuf et nouveau sont deux mots proches). Il fait référence au premier homme, Adam qui s'écrivait ADM (les voyelles sont omises), or son transcodage hébraïque donne :
A = 1, D = 4 et M = 40 soit 40 + 1 +4 = 45 = 4 +5 = 9
Il symbolise la plénitude, la sérénité.
Autre utilisation du neuf :
- les neuf « pater » des Vêpres.
- Les neuf chevaliers qui fondèrent l'ordre du Temple.
- Les neuf cieux bouddhistes.
- Les neuf muses.
- Les neuf mois de gestation chez la femme.
- Les neuf prières quotidiennes des Bénédictins.
- Les neuf plaies d'Égypte.
- Les neuf arts.

La carte Beursault est restée quant à elle identique jusqu'à aujourd'hui ; le cercle extérieur et le point au milieu de la cible désignent le soleil comme il est représenté en astrologie.

CINQ : (PANTON).
Le nombre cinq tire son symbolisme de ce qu'il est : à savoir tout d'abord, la somme du premier nombre pair et du premier nombre impair, 2 + 3, soit l'union du pair et de l'impair, beauté perfection et harmonie,

à l'inverse de 5 = 4 +1, qui représente le déséquilibre, la guerre, puis d'autre part, le milieu des neuf premiers nombres.

Il est signe d'union, nombre du centre, de l'harmonie et de l'équilibre.

Il est encore symbole de l'homme bras écarté, celui-ci paraît disposer en 5 parties en forme de croix, les deux bras, le buste, le centre (abri du cœur), la tête, les deux jambes.

L'harmonie Pentagonale.

Symbole également de l'univers : deux axes verticaux/horizontal passant par le même centre, symbole de l'ordre et de la perfection. Il représente aussi les cinq sens et les cinq formes sensibles de la matière : la totalité du monde sensible.

CINQ (BROCHES) :
Les cinq plaies du Christ.

COMPAGNIE :
Le terme de compagnie vient du vieux français « Compaing » qui donne « compère et pain ». Soit celui avec lequel on partage le pain. Au Moyen Âge, tous les individus, tous les groupements humains se réunissent sous la protection d'un saint Patron et le fêtent autour du pain béni, qu'ils partagent en guise de confraternité.

Au Moyen Âge, les archers se réunissaient, eux aussi, pour fêter leur saint Patron autour du pain béni, pendant la messe, et qu'ils partageaient ensuite en guise de confraternité. Ce pain avait aussi la particularité de protéger des maladies épidémiques qui étaient nombreuses et mortelles à cette époque ; en particulier la peste ou le choléra.

Ce terme désigne à partir du XIVe siècle un groupe de combattants à l'effectif variable servant sous l'autorité d'un capitaine. (On trouve fréquemment le synonyme de « route » d'où « Routiers pour soldats »).

Son organisation juridique étant issue de sociétés militaires, il est tout naturel d'y retrouver une hiérarchie d'inspiration militaire avec le connétable, le prévôt, le roi, l'empereur, plus tard le capitaine, avec son premier et second lieutenant.

Le connétable était élu chaque année par les chevaliers le jour de la saint Sébastien, puis il sera attribué au plus ancien des officiers et l'on élira un capitaine.

À la fin du XIXe siècle, les compagnies se structurent en « Rondes », principalement en Picardie.

En Île-de-France, les rondes prennent le nom de « Familles ». Chaque Famille correspond à peu près à un département.

COMPAGNIE COLONELLE :

Des reliques de saint Sébastien auraient été placées dans la basilique Saint-Médard de Soissons. Le roi de France, Louis le Pieux dit le Débonnaire, aurait nommé l'abbé de Saint-Médard Grand Maître de la chevalerie de l'Arc. L'évêque de Soissons aurait ensuite été responsable de toutes les compagnies d'arc du royaume.

C'est probablement pour ces raisons que la Compagnie de Soissons est reconnue par toutes les autres comme une compagnie colonelle.

CONFRÉRIE :

C'est une association laïque à caractère religieux créée sous l'égide d'un monastère ou d'un religieux, parfois à celle d'un fidèle. On trouve trois grandes familles :

– Les confréries de métier ou d'activité : elles ont autour du culte d'un saint patron les membres d'une même profession/activité. Elles a la fois lieux de fêtes et centres de secours.

– Les confréries de dévotion : elles réunissent ceux qui ressentent de l'attrait pour une même forme de piété (culte du Rosaire, par exemple).

– Les confréries de pénitents : elles s'orientent vers des actions concrètes, comme la lutte contre les hérétiques, entraide au moment de la mort, bonnes œuvres.

Les premières naissent sous Charlemagne et constituent déjà la base de la future archerie française que l'on connaîtra jusqu'à la Révolution française : c'est-à-dire la coexistence parallèle et complémentaire d'un groupe armé et d'une confrérie qui d'ailleurs se confondront souvent et se dissocieront très rarement. C'est au XIIe siècle que les premières confréries non religieuses se fondent à l'initiative de laïques soucieux de leur salut. Ce sont des sociétés toujours ouvertes, l'un des rares types d'associations où chacun peut choisir librement d'entrer, sauf quelques exceptions qui acceptent aussi bien des hommes que des femmes contre ces membres, qu'ils élargissent parfois à des personnes extérieures le plus souvent dites « Honteux ».

La confrérie constitue l'un des volets les plus importants du mouvement associatif du Moyen Âge. On peut dire que tout Français de ce temps appartient à au moins une confrérie. Elles fournissent un lieu d'apprentissage pour les élites.

On en compte au bas mot près de 40 000, soit en moyenne une cinquantaine par ville. Elles entretiennent une chapelle dans l'église consacrée à la dévotion des saints patrons. Il n'y a pas de différence de nature entre les confréries de dévotion, les confréries de métier et celle d'archers. Très redoutées tant par leurs pouvoirs civils que religieux, la noblesse reste très méfiante à leur égard.

L'Église d'ailleurs, ne les tolérera que dans la mesure où elles se soumettent à l'autorité de leur évêque. Il y a peu de différences entre les confréries, dotées de statuts. Elles se réunissent régulièrement au cours d'un « Banquet ». Elle est un élément fondamental de l'animation et de la cohésion du tissu social.

CONNÉTABLE :
À l'origine, le Connétable était titulaire d'un office domestique attesté dans l'entourage des souverains Francs. Il avait la responsabilité des écuries royales (Comes Stabuli = Comtes des Étables).

À partir du XIVe siècle, le connétable est celui qui connaissait les questions militaires et l'application du droit d'armes. La fonction fut abolie en 1627 par Richelieu, puis rétablie en 1804, elle disparaît sous la Restauration.

Elle existe toujours à titre honorifique dans la tradition de l'archerie. Il est décerné à un mécène (membre actif ou non) qui se consacre au bon fonctionnement de la compagnie.

CONNÉTABLIES :
Nom pris par les associations qui voulaient faire ressortir leurs caractères militaires.

CORDE :
D'une manière générale, symbole de l'ascension.

La corde de l'arc symbolise la force qui confère à l'arc son efficacité. Mais cette force est invisible et de nature quasi immatérielle, elle ne vient ni du poids, ni de la dureté, ni d'une pointe acérée, elle est comme féminine, elle vient d'une tension.

« La voici qui s'approche toute contre l'oreille, comme si elle allait parler, embrassant son amant chéri, c'est la corde, tendue sur l'arc, elle vibre telle une jeune femme salvatrice, dans la mêlée. »

La corde désigne la voie sacrée, immanente en la conscience de l'homme qui relie son esprit à l'essence universelle. C'est la voie de la concentration.

C'est Dieu le fils.

« Au commencement était le verbe » (prologue de l'Évangile de saint Jean) : la première manifestation de la vie commença par une vibration.

C'est aussi cette vibration de la corde qui propulse la flèche. Herrigel, dans « Le zen dans l'art chevaleresque du tir à l'arc », rapporte que les archers zen pincent leur corde de manière à chasser les mauvais esprits avec sa sonorité.

La tension de la corde émet une note. L'archer doit trouver la meilleure tension, pour avoir la meilleure note et donc la meilleure propulsion de la flèche.

CORDONS :
Représentent les cordes qui liaient Jésus sur la croix.

CORNE d'en haut ou « poupée » (pour un arc) :
Le ciel ou zénith

CORNE d'en bas ou « poupée » (pour un arc) :
L'enfer ou nadir

COULEUR :
BLANC : couleur de la lumière, de l'éclat. Le blanc est aussi la couleur sacerdotale, couleur des Druides, mais aussi du ROI, dans la fonction double de chef religieux et chef de guerre.
Un guerrier chargé d'une mission religieuse a droit à la blancheur du vêtement. D'où l'importance du blanc dans l'archerie.
BLEU : couleur du ciel, de l'esprit, c'est la couleur de la pensée.
JAUNE : couleur de la lumière, de l'or, de l'intuition.
COUPER :
Se dit d'une flèche dont l'impact est proche du centre de la carte que celle du concurrent ayant tiré précédemment.
COUVRIR (le pas de tir) :
Action d'un tireur qui vient se positionner sur le pas de tir/on-dit alors que le pas de tir est couvert.
DÉBUTANT :
Membre actif d'une compagnie ayant moins d'un an d'ancienneté.
DIABLE :
Mot qu'il est interdit de prononcer dans un jeu d'arc. C'est la « bête noire » ; l'esprit du mauvais. Le mal/le bien. Diable = noir, aspect négatif, c'est le monde souterrain, couleur qui représente les ténèbres, l'obscurité, l'ignorance. Elle représente au non manifesté ou contrepartie spirituelle de la matière il est classiquement opposé au blanc.
DOULEUR :
Nom donné au coup réalisé à l'intérieur du petit cordon et à l'extérieur du noir central.

Pour obtenir le salut (noir) de son arme, cela ne se fait pas sans douleur.
(Voir chapelet)
Le ventre, dans beaucoup de civilisations et religion, représente le centre de la force vitale.
La cible qui est le réceptacle, le ventre, le Beursault, l'athanor où se trouve le germe, le marmot, l'enfant. La 1re étape, c'est atteindre le noir avec la flèche : l'éclosion du départ, l'enfantement se fait par l'impact du trait. Nous remarquons l'analogie avec les « douleurs » de l'enfantement.
Reconnaître l'enfantement de nos visées, prendre conscience de la vérité supérieure, c'est ouvrir les yeux sur le chemin qui mène à la vérité, à savoir que la cible, c'est simplement soi-même.
Celui qui lance et celui qui reçoit ne sont plus deux entités opposées, mais une seule et même réalité, même si nous voyons que le côté extérieur. La recherche doit être dans l'expérience intérieure pour en voir la face cachée.
Les archers chevaliers de jadis avaient une profonde connaissance de cette doctrine.

DOULEUR DE CHRAPENTIER :
C'est envoyer sa flèche dans une garde de bois qui protège l'allée du roi.

DRAPEAU ou ENSEIGNE :
Toutes les compagnies ont leur drapeau. Lors des cérémonies, il doit être présent. Au bouquet, le porte-drapeau doit le présenter à la compagnie réceptrice pour le salut. Après un roulement de tambour, les drapeaux s'inclinent. Un léger balancement de gauche à droite symbolise le signe de croix.

Le linceul dont Nicodème et Joseph d'Arimathie se servirent pour ensevelir le corps du Christ.
Représentation de Jésus et sa résurrection triomphant de la mort et du péché.

DRAPEAUX DES FAMILLES DE L'ESSONNE ET CELUI DES COMPAGNIES DE WISSOUS ET DE MORSANG.

ECHANTILLONNER :
Lors des compétitions de tir à l'arc, échantillonner consiste à mesurer la distance entre l'impact de la flèche et le centre de la cible. Cette expression trouve

son origine dans la coutume ancienne de mesurer cette distance avec un petit morceau de bois, qui était ensuite fendu en deux. L'une des moitiés était remise au tireur comme preuve de son tir, tandis que l'autre était conservée par le greffier pour enregistrement.

ÉCHARPE :

Au Moyen Âge, l'usage des chevaliers d'estoc est de porter par-dessus leur armure une écharpe obliquement de l'épaule à la hanche. Son but n'est pas décoratif, mais utilitaire. Son utilité est multiple, elle sert à :
- Signe de reconnaissance.
- Elle sert pour s'essuyer la sueur ou le sang.
- Elle sert aussi de poche.

Elle deviendra ensuite le signe de commandement, et insigne de distinction.

Décoration distinctive portée lors des cérémonies traditionnelles :
- **LE CONNÉTABLE** : écharpe violette.
- **LE CAPITAINE** : écharpe bleue.
- **L'EMPEREUR** : écharpe verte.
- **LE ROI/ROITELET** : écharpe rouge.
- **LE CHEVALIER** : écharpe blanche.

ÉCUYER :

Il a la charge de porter les armes, notamment l'écu sur lequel figure le blason du chevalier. De ce fait on peut le rapprocher de notre porte-drapeau blason aux couleurs de la compagnie.

« ELLE EST BONNE » :

Annonce faite par l'homme de garde lorsqu'un coup est fait dans le noir.

EMPENNES :

Les ailes du Saint-Esprit.

EMPEREUR :
Est empereur celui qui abat l'oiseau trois années de suite, dans la même compagnie.
Ce titre, il le conserve pour toujours tant qu'il reste dans la compagnie.
S'il la quitte, il perd tous ses honneurs et prérogatives, même s'il venait à y rentrer nouveau. Il prend le pas partout et sur tous.

ENJAMBER :
Enjamber un arc posé au sol est considéré comme un sacrilège, car le lien invisible qui le relie au ciel est rompu et son efficacité détruite.

ENCEINTE (JARDIN D'ARC) : cf. Enclos

ENCOCHE :
Le ventre de la vierge
La couronne qui a été mise sur la tête de Jésus.

ENCLOS :
La conception de l'enceinte rejoint celle du cercle et de l'enclos. Il s'agit d'un lieu fermé d'une manière quelconque. L'enceinte est le symbole de la réserve sacrée, du lieu infranchissable sauf à l'initié.
Il symbolise l'être intérieur. Au Moyen Âge, on l'appelait la cellule de l'âme, le lieu sacré.
Citadelle du silence où l'homme se replie pour se défendre contre toutes attaques de l'extérieur, des sens et de l'anxiété. Il symbolise l'intimité dont chacun est le maître et qu'il n'ouvre qu'aux êtres de son choix.

ENTRANT :
Nom donné à l'archer qui vient s'ajouter à un peloton en cours de tir. Il entre dans le jardin d'arc, l'enclos.

EUCHARISTIE :
Sacrement principal de l'Église, commémorant la CÈNE et la passion du Christ, centré sur la consécration du pain et du vin, le corps et le sang du Christ. Communion que l'on retrouve dans tous les rites d'initiation.

ENVOI DE LA FLÈCHE :
Le Saint-Esprit envoyé du ciel pour l'incarnation du verbe.

FAIRE LA PIGE :
Forme dialectale de « piétiner, mettre le pied sur » allusion aux enfants qui tirent au sort l'initiative du jeu. Reporter au jeu (sport), c'est le vainqueur, celui qui prend le dessus sur l'adversaire.

FAIRE MOUCHE :
Les cibles vont se perfectionner, et on ajouta au centre du blanc, un petit cercle noir semblable aux « Mouches galantes » que les dames se collaient sur le visage. En effet, au XVIIe siècle, vers 1655, la mode féminine conduit les femmes à se coller sur le visage un petit morceau de taffetas noir comme des grains de beauté destinés à faire ressortir davantage la blancheur de leur peau. On appelait cela « mouche galante ».

Les archers eurent l'idée eux aussi de faire ressortir le blanc de la cible par un cercle noir.

Faire « mouche », c'est placer sa flèche dans ce rond, que fait ressortir le blanc.

FAUSSER COMPAGNIE :
Ne pas vouloir faire partie du groupe « jouer à la fausse compagnie ». En effet c'est l'idée de trahison que paraît contenir le verbe « fausser », comme on « fausse monnaie. ».

FER DE LA FLÈCHE :
Ce qui a mis à mort saint Sébastien.
FINIR EN CHEVALIER :
Tirer sa dernière flèche en réalisant une douleur ou un noir.
FLÈCHE :
Elle est le symbole de la pénétration, de l'ouverture. Elle symbolise aussi la pensée qui introduit la lumière, et l'organe créateur qui ouvre pour féconder, qui dédouble pour permettre une synthèse. C'est aussi le trait de lumière, qui éclaire l'espace clos (jardin d'arc) parce qu'on l'ouvre. Ce sera le rayon solaire, élément fécondant.

Elle est aussi (comme l'échelle) un symbole des échanges entre le ciel et la terre.

En son sens descendant, elle est un attribut de la puissance divine, comme la foudre, le rayon de lumière ou la pluie fertilisante. En son sens ascendant, elle se rattache au symbole de la verticalité.

En Chine, on dit : « Une flèche, une vie », elle est bénéfique ou maléfique : elle doit avoir 2 pieds 8 pouces (79 cm) pour être considérée comme faste, car le signe 8 symbolise le « cercle » la perfection, d'autre part 8 est le chiffre de l'infini, c'est-à-dire du nombre indéterminé des choses.

En Europe, les archers tirent 12 fois 3 flèches. Dans les trois flèches, on peut voir, entre autres :
le soleil, la terre, la lune parcourant un cycle à chaque volée, pour les 12 signes du zodiaque, soit 3 × 12 = 36 FLÈCHES.
Or 3 +6 = 9 (voir cible),
Les quatre distances : 4 X 36 = 144 soit 1 +4 +4 = 9

Dans l'Apocalypse, selon saint Jean, l'ange qui tient le sceau proclame le nombre de ceux qui sont désignés, c'est-à-dire les serviteurs de Dieu : ils sont 144 milles, soit 12 000 dans chacune des 12 tribus.

Autre symbole ; le fait de tirer 40 fois une flèche se rapporte aux 40 jours de méditation dans le désert.

C'est aussi, enfin l'aspect trinitaire des 3 flèches : une pour le corps, une pour l'âme, une pour le Saint-Esprit.

Autres noms donnés :
ARSON/BARBE/BARBELE/BARBELLE/BERSERETTE/DARDE/ESLINGUE/FLESSE /
FLIC/FLICH / FLIQUE/GOURGON/PASSEDOUZ / PASSADAOR/PASSADOUR /
PASSADOUS/PASSEDOUX/PILE/RAILLON/REILLON/SAIETTE/SAYETTE /
SAJETTE/SALETTE/SAËTTE/SAYETTE/SONGNOLLE/VOLET.

FLÈCHE NUE NON EMPANNÉE :
La lance de Longin dont il perça le côté du Christ en croix.

FRANC :
Un impact est considéré comme franc lorsqu'il ne touche pas les bords des zones concernées. Par exemple, on pourrait décrire un noir franc comme l'opposé d'un noir baveux ou bagué.

GANT/PALETTE/DOIGTIER :
Le mouvement du Saint-Esprit.

GARDE :
Garde, panneaux de sécurité placés à des distances en distances régulières de part et d'autre de l'allée du roy.

Des gardes buttes étaient chargés spécialement de la police du jeu. Ils ne donnaient pas d'amendes, mais référaient au roy, de l'année, tous ceux qui les avaient encourues.

GARDE DE LA MANCHE :
Primitivement nommée « Archers du corps ».
Sous François I, ils prennent le nom de « Garde de la Manche ». Ils faisaient partie de la garde écossaise, garde du corps du roi. Gardes immédiats du roi, ils étaient répartis 2 × 2 de chaque côté du roi, le visage toujours tourné vers lui. Leur uniforme était le hoqueton blanc, semé de papillotes d'or et d'argent, portant la devise de « Henri IV » « Erit haec quoque cognita monstris » (celle-là-la aussi, les monstres la connaîtront). Supprimés en 1792, rétablis par Louis XVIII, ils sont supprimés définitivement en 1830.

GARDE PANTON :
Dernier tireur d'un peloton restant à proximité du pas de tir qu'il vient de quitter, ayant la charge de s'assurer que personne ne l'occupera et d'annoncer le coup du premier du peloton. IL ne rejoint l'autre pas de tir que lorsque le premier du peloton sera venu le relayer.

« GARE » :
Avertissement lancé, d'une voix haute et intelligible pour être entendu, par un archer qui prévient qu'il y a danger, car il va tirer.

GUILDE :
Les Guildens : Mot scandinave qui vient de Gilda = Troupe, corporation qui réunissait 3 fois l'an les hommes du canton.

À partir du XIIe siècle, avec l'affranchissement des communes par Louis VI le Gros, des compagnies s'organisent en confréries militaires, assorties d'une association de secours mutuels et prennent le nom de Guilde. Cette dénomination se rencontre surtout dans les pays du nord de l'Europe (Belgique, Hollande).

HALTE :
Au Moyen Âge, les soldats ne se battaient que le jour, pas la nuit. Ils passaient la nuit sur le champ de bataille, on disait qu'ils étaient « Haltés ».
De ce fait c'est aussi pour cela que nos jardins d'arc sont orientés E./O. de façon à ce que l'une des buttes soit à l'ombre (nuit), l'autre au soleil (jour). Ce qui permet également aux archers de s'entraîner à viser diverses conditions de visibilité. Pourquoi tire-t-on 2 flèches par halte. Le 2 représente le chiffre du dieu fils le verbe au sein de La Trinité dans la symbolique chrétienne.
Si le 1 est l'essence, le 2 est l'existence. Il symbolise l'amour, la charité, puisqu'il y a nécessairement dualité entre celui qui donne et celui qui reçoit. Symbole de sexualité, puisque le 2 représente aussi la division de l'unité en masculin et féminin. Il représente l'homme parce qu'il existe en lui une dualité, une division intérieure, conséquence du péché. Enfin il représente dans le temps après l'unité indivisible et incorruptible.

HÉRALDIQUE :
Relatif au blason, connaissance des armoiries. Ensemble des emblèmes de blason.

C'est la science qui a pour objet l'étude des armoiries, soumise dans les compositions à des règles particulières.

Nées sur les champs de bataille et de tournoi, les premières armoiries sont faites pour être vues de loin.

Elle indique l'identité de celui qui l'utilise. L'usage n'a jamais été réservé à une classe sociale particulière. Il a toujours été libre de se créer ses armoiries, une seule condition : ne pas utiliser celle des autres.

HONNEUR :

Le mot « honneur » a subi au cours du Moyen Âge une lente évolution qui l'a chargé de significations de plus en plus concrètes, mais qui l'a aussi fait glisser vers une acception proche de la bonne renommée.

À partir des XII et XIIIe siècle l'honneur désigne la « Réputation glorieuse », les qualités qui s'attachent au chevalier, aux hommes d'honneur, d'où une assimilation à la noblesse. Il permet alors d'avoir des éléments mesurables « faire un honneur », c'est tirer une flèche avec élégance, justesse, et avoir réalisé un bon tir, avec honneur.

Gloire de l'archer qui fait la meilleure flèche dans la « lice » au Moyen Âge. Puis se dit de tous lieux où se déroule quelque chose d'honorable ; champs d'honneur pour les militaires, par exemple. Les qualités qui s'attachent aux exploits guerriers contribuent largement à faire des chevaliers des hommes d'honneur (d'où l'assimilation à la noblesse).

Par extension, ce que fait l'archer dans le jardin d'arc lorsqu'il réussit un bon tir par le geste et par l'esprit.

« Chaque archer se doit d'être irréprochable et d'honneur sur tous les points ».
« L'amour est un plaisir ; l'honneur est un devoir ». (Corneille).
HONTEUX :
Au Moyen Âge-personne qui se trouve n'en marge de la société. Par extension, celui qui se retrouve seul, position délicate dans une époque où il est mal vu, d'être seul. Souvent il s'agit d'un chômeur, mais qui refuse son état.
Par extension, nom donné aux archers qui n'ont pu être récompensés. Le premier honteux reçoit le reliquat de la distribution, qui symbolise l'aumône que doit faire tout bon chrétien.
« IL EST LÀ » :
Annonce faite par l'homme de garde après remplacement du Marmot et permettant la reprise du tir ; l'archer reprenant son tir doit le remercier en disant : « Merci chevalier ».
INITIATION :
Initier, c'est d'une certaine façon faire mourir. Mais la mort est considérée comme une sortie, le franchissement d'une porte donnant accès ailleurs. À la sortie succède une entrée. Initier signifie, introduire.
C'est un rite de passage symbolisant la naissance d'un être nouveau.
JARDIN D'ARC ou BEURSAULT : le jardin des Oliviers. Il représente un enclos (cf. enclos) quadrangulaire à l'image du monde. Un monde en réduction fini et infini : c'est le temple à ciel ouvert.
Les chevaliers, d'ailleurs, protègent au sens du terme leur jardin : « ils le couvrent »

Le beursault, du vieux français, bersail : but ou cible du tireur, qui a donné bersailler, ou bercer, ce qui signifie, bander ou tirer son arc, est l'endroit, par extension où s'entrainent et tirent les archers.

C'est la survivance des anciens jardins d'arc jouxtant les « Hôtels de l'Arc », qui étaient le siège des Compagnies jusqu'à la Révolution française.

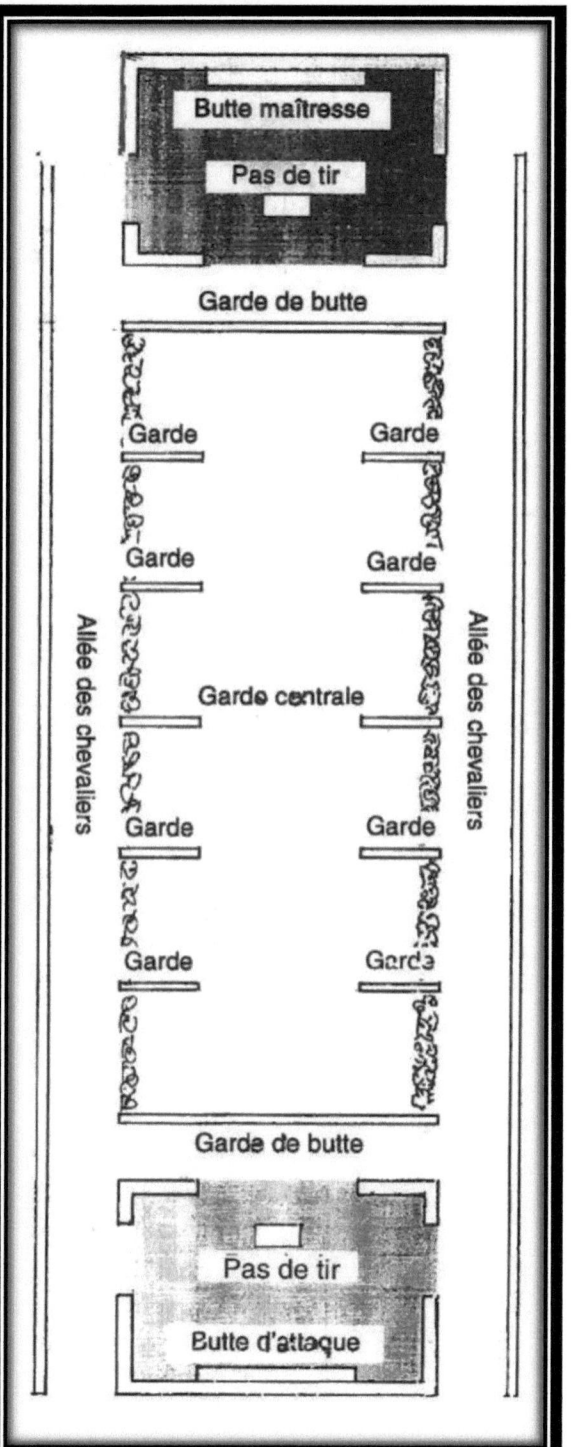

Les aires de Beursault variaient en termes de confort, dépendamment des ressources de la Société, mais elles suivaient toutes un schéma similaire, comme indiqué sur ce croquis.

Il se compose de deux buttes distantes, l'une de l'autre de vingt-huit toises[7], de l'étalon du Châtelet de Paris, soit cinquante-quatre mètres, environ et se faisant face. La butte située près de, la salle du jardin ou logis est dite butte maîtresse et l'autre est dite butte d'attaque vers laquelle commence le tir.

Les deux buttes sont reliées par deux ou parfois trois allées.

Au centre se trouve l'allée du Roi, délimitée par des gardes de bois qui protègent les archers d'un coup malheureux.

Des allées de chevaliers (parfois sur les deux côtés) entourent les gardes : ce sont ces allées que les archers empruntent pour se déplacer d'une colline à l'autre.

Les équipes s'affrontent en lançant quarante flèches. Chaque archer n'utilise qu'une seule flèche, l'alternant entre deux buttes, ce qui représente vingt allers-retours, que l'on appelle des haltes.

Cette méthode présente plusieurs avantages :

– Les flèches étaient autrefois très coûteuses. Le fait d'en utiliser une seule permettait de niveler le terrain entre les riches et les pauvres.

– Les allers-retours permettaient également aux archers de s'entraîner à tirer tour à tour vers et contre le soleil.

---

[7] Une toise équivalant à 1,949 mètre.

– Les flèches étaient en bois et fabriquées à la main, ce qui les rendait souples et irrégulières en termes de poids. Pour une compétition, il était donc important de bien régler son tir et d'utiliser toujours la même flèche, celle qui était la plus performante.

Les cibles sont fixées sur les buttes à une hauteur d'un mètre à un mètre trente. Cette hauteur correspondait au niveau du thorax des hommes d'armes.

Enfin, il faut savoir qu'un jardin d'arc n'aura jamais de butte sans carte, ce qui signifierait que la « butte est morte ». On dit aussi que la « butte pleure ».

JACQUE :

Au XIVe siècle la plupart des archers portaient un « Gambeson » pour se protéger. Ce n'est qu'au XVe siècle qu'il prit, en Angleterre, le nom de « Jack ».

Le « Gambeson » est un vêtement matelassé fait de couches de tissus superposées. Le meilleur tissu étant la fustaine, tissu très solide fait d'une chaîne de lin et d'une trame de coton. Le « Gambeson » arrivait au genou, il avait de larges manches resserrées aux poignets et était surpiqué verticalement.

Au milieu du XVe, le « Jack » était plus court, il arrivait à mi — cuisse et portait des surpiqûres horizontales pour faire un motif quadrillé ou diagonal pour faire un motif en diamant. La plupart des Jacks avaient des manches, parfois détachables.

Au cours du XVe siècle, avec l'utilisation de plus en plus fréquente des armures apparut une version plus épaisse du Jack, connue sous le nom de « ARMING DOUBLET » portée par les combattants. Il est probable que certains archers, en particulier les Écossais, en aient porté.

L'Arming Doublet presque toujours sans manches, est à l'intérieur recouvert de petites plaques de métal articulées qui se chevauchaient, fixées au tissu par des rivets appelés « clous » et toujours places par trois en triangle avec la tête à l'extérieur.

De ce nom vient l'origine du vêtement que l'on appelle la jacquette.

JEU :
Activité qui à l'origine est liée au sacré comme toutes les activités humaines. Même les plus profanes dérivent de cette origine.

La plupart des jeux qui furent riches d'un symbolisme les ont à présent perdus. Le tir à l'arc est l'un des rares à les conserver.

JEU D'ARC :
Lieu des « mystères de la Sainte Trinité »
Lieu de combat/tournois
Lieu de mémoire du supplice de saint Sébastien.
Lieu des délices où les bienfaiteurs jouissent de la lumière divine (Jardin d'Éden)

JUDAS :
Chevalier qui fait du tort à ses confrères.
Chevalier qui ne s'acquitte pas de son devoir en ne payant pas son amende

MARMOT MARMOUSET OU MARMOTTIN :
Petite carte en carton léger de quinze cm x quinze cm qui reproduit le petit cordon, la zone trois et le noir et se fixe au centre de la carte Beursault permettant de conserver et mesurer les coups réalisés au Noir pour établir le classement.

Écriteau que les juifs ont posé dessus la tête de Jésus.

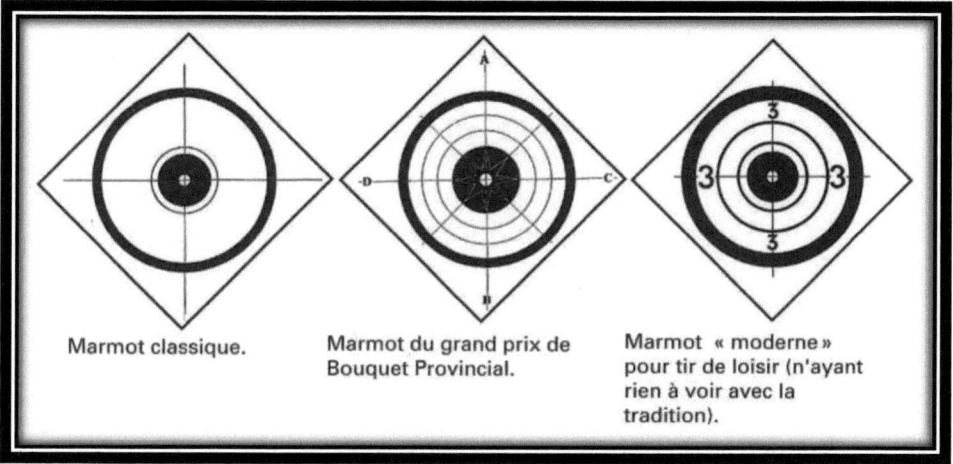

Marmot classique.

Marmot du grand prix de Bouquet Provincial.

Marmot « moderne » pour tir de loisir (n'ayant rien à voir avec la tradition).

LES TYPES DE MARMOT

Le marmot doit être relevé selon la tradition, c'est-à-dire par le greffier ou garde-panton qui le retire de la grande carte en même temps que la flèche, de telle façon que celle-ci reste fichée dans le marmot à son point d'impact. Ensuite le greffier, tête nue, présente le marmot et la flèche à l'archer ayant réalisé le coup, en maintenant sa main pour masquer l'impact et en lui disant :

— Voici Chevalier.

L'archer, également découvert, retire lui-même sa flèche e disant :

— Merci, Chevalier.

Le marmot est ensuite signé par le greffier et l'archer.
LOGIS :
Lieu de réunion de la compagnie, équivaut à la Loge chez les maçons.
MASCOTTE :

Les compagnies, comme toutes organisations militaires, avaient leur mascotte.

Certaines en ont encore de nos jours, par exemple : les grenouilles de Varennes, les corbeaux de Braine, ou encore les pêches de Corbeil. Malgré les efforts et la tentative lors du bouquet de Crépy-en-Valois pour relancer cette tradition, il est regrettable que celle — ci semble se perdre.

MORT (faire un) :

Flèche restée entre le pas de tir et une butte.

« On ne tire pas sur un mort ». Il est d'usage dans l'esprit des chevaliers au Moyen Âge de ne jamais frapper un homme (adversaire) à terre, qu'il soit vivant ou mort.

La flèche personnifie l'archer qui vient de tirer. Si elle n'a pas atteint son but, c'est que l'archer (votre adversaire) est en difficulté, donc on ne peut continuer la joute qu'à armes égales par respect de l'adversaire. Il faut aussi se rappeler que, jadis l'archer n'avait qu'une seule flèche, quand il tirait dans les jardins d'arc.

MEMBRES DU CONSEIL :

Au nombre de douze comme les apôtres lors de la Cène.

ORDRE DE CHEVALERIE (METTRE EN CHEVALERIE) :

Ordre militaire qui apparaît en grand nombre à la fois du Moyen Âge qui peut se définir comme des sociétés ou con fraternités d'honneur rassemblant autour d'un fondateur des chevaliers distingués par leur valeur et leur fidélité.

Le but de cette fraternité entre membres est la défense du groupe face aux multiples menaces : économiques, sociales, politiques qui pèsent sur lui. Fortement influencés, par la littérature chevaleresque, ces ordres exaltent les valeurs de loyauté, prouesse, honneur.

MOUILLER LA CORDE :
Suspendre le tir pour aller de désaltérer.

NOIR DE LA CARTE :
Face de Dieu.

OISEAU :
Objet en bois en forme d'oiseau, de la taille du pouce et ne faisant aucun relief. Il est placé devant le noir de chaque carte lors du tir à l'oiseau ou L'Abat d'oiseau. Il symbolise l'esprit qui se pose sur celui qui est désigné. Cela rappelle un passage de l'Évangile : « L'heureux élu reçoit les honneurs de tous, il se sent un autre homme avec cette nouvelle prise de conscience ».

PAIN :
Symbole de nourriture essentielle. Il se rapporte traditionnellement à la vie active.
Principal actif de la panification symbole de transformation spirituelle. Il comporte d'autre part la notion de pureté et de sacrifice.

PANTON :
Du Grec Penta, cinq ; nom donné autrefois à la carte du bouquet provincial, car elle comportait cinq zones (1,05 m x 0, 75 m)

PAS D'ARMES :

Variante de la joute, le pas d'armes était un combat courtois et un divertissement chevaleresque très prisé.

Le rôle de défenseur d'un « pas » contre tous ceux qui désiraient relever le défi.

Les règles sont d'abord mises par écrit et le défi était publié (mandaté), les participants, les chevaliers, dans un lieu choisi et, pendant un certain temps (parfois plusieurs semaines) s'affrontaient. À la fin avait lieu un Banquet au cours duquel étaient remis les prix aux meilleurs.

PAPEGAY :
Le tir à l'oiseau est d'autant plus populaire qu'il donne généralement lieu au déploiement de tout un cérémonial. On installe de grandes cibles sur des bottes de paille fleuries et l'on place en leur centre l'oiseau de bois peint aux couleurs les plus vives que l'on devra abattre d'une seule flèche. On l'appelle PAPEGAY ou PAPEGAUT d'après l'ancien nom du perroquet, lui-même forgé sur son nom arabe ; on désigne ainsi pour l'année le Roy du jour.

C'est en 1886 qu'une loi instaura officiellement les lundis de Pâques comme des jours fériés, ne faisant en fait que confirmer une situation très ancienne et bien acquise.

Après le long Carême de quarante jours et la longue Semaine sainte dite aussi semaine pieuse, nos ancêtres ressentaient le besoin de « décompresser » aux fêtes religieuses, ils ont pris l'habitude d'ajouter des prolongations souvent de nature religieuse, mais aussi parfois de nature sportive et d'adresse, comme le tir de l'Abat d'Oiseau. Ces lundis fériés étaient donc placés sous le signe des oiseaux à savoir le perroquet de Pâques.

C'est pour cela que ce tir d'adresse est situé dans le calendrier après le temps pascal.

PARTIE :

La « Partie » est une forme spéciale de tir, dans laquelle les chevaliers et les archers partagés en camps opposés font assaut d'adresse et se disputent les points qui appartiennent aux flèches les plus rapprochées du centre de la carte.

Il y a deux types de partie, dont chacune présente des variantes :

— **LES PARTIES DE JARDIN.**
— **LES PARTIES ORDINAIRES.**

Les parties de jardin se tiennent avec solennité, à l'occasion d'une circonstance importante, comme l'installation d'une compagnie, l'ouverture d'un Bouquet ou d'un Prix général.

Elle se tire en douze points sans revanche. Les flèches ne comptent qu'en dedans du cercle noir dit « cordon de Grand Prix ». Il n'y en a que deux qui puissent compter à chaque demi-halte.

Cette partie est « Amalgame », car tous les chevaliers qui se présentent peuvent y participer. Il existe :

— **LA PARTIE DE VIN** : Cette partie ne se tire que le jour du Bouquet et se dispute entre quatre compagnies, en vingt haltes et « à la plus belle flèche »

— **LA PARTIE D'INSTALLATION** : à l'occasion d'une création ou changement de jardin d'arc.

— **LA PARTIE DE DEUIL** : à l'occasion des obsèques d'un chevalier (la compagnie porte le deuil pendant trois mois).

— LE GRAND PRIX ET LE PRIX GÉNÉRAL :
Lors du bouquet ces deux prix se déroulent simultanément, en 20 haltes. Le grand prix sert également à qualifier les archers pour le championnat de France Beursault.
Le prix général classe les tireurs à la plus belle flèche.
— LES PARTIES ORDINAIRES
Là, nous avons plusieurs types. Elles se jouent en 12 points, chaque flèche compte pour le coup de prix :
— LES COUPS DE PETITS PRIX.
— LES COUPS DE « FRANCS NOIRS ».
— LES COUPS « BLANCS ET NOIRS ».
— LES COUPS « BAGUÉS ».
Dans ce type de partie, chaque compagnie peut adapter ses propres conventions de jeux. Aux chevaliers de se conformer aux règles de la compagnie d'accueil.
Dans certaines régions, il n'y a pas la possibilité d'organiser un bouquet, pour des raisons de coûts élevés. Aussi, les compagnies organisent des bouquets plus modestes à l'intérieur d'une même ronde ou famille, on parle alors d'une manifestation dite « fermée », que l'on appelle une « Fleur cantonale ».

PAYER :
Tenir la marque du nombre de Haltes tirées.

PENOTTE :
Impact au noir central franc.

PERMISSION :
Demande faite par un archer qui souhaite obtenir une dérogation au règlement.

PERCHE :
Mât d'une hauteur pouvant atteindre 30 m, garni de herses sur lesquelles sont placés des oiseaux (poules) et au sommet duquel culmine le coq dit PAPAGAY ou PAPEGAY.

PLUMES :
Au nombre de trois, elles représentent la Sainte Trinité.

QUARANTE :
C'est le nombre de haltes au tir Beursault ; pourquoi quarante ?
Le nombre quarante symbolise la mort à soi-même et la renaissance spirituelle. Il représente la période complète et suffisante pour achever une œuvre. C'est le nombre de l'attente, de la préparation, de l'épreuve.
C'est l'accomplissement d'un cycle dans le monde, ou plutôt le rythme des répétitions cycliques dans l'univers.

RÉCEPTION :
Cérémonie au cours de laquelle un aspirant est reçu chevalier.

RONDE :
Union régionale de compagnie ou de famille.

ROY ET ROITELET :
Dans le symbolisme celtique, ils font couples avec un oiseau. Le sens de cette dualité rejoint celui du « Druide/Guerrier ».
Ce nom est interprété en Irlande en « Druide des oiseaux » il existe au Pays de Galles un important folklore à son sujet ; c'est le roi des oiseaux, trace de tradition très ancienne.

Un vieux proverbe gallois menaçait de l'enfer quiconque détruisait un nid d'oiseau.
Il existe en Bretagne une chanson du roitelet.
Au Moyen Âge, contrairement à ce que l'on pense, les individus vivent dans un espace extrêmement limité. Pour nous, à l'époque d'Internet, cela semble difficile à concevoir et pourtant c'était ainsi. À cette époque, le paysan ne connaît que sa seigneurie, son cadre de vie, avec son seigneur et maître et son curé. Le roi de France n'est qu'une entité abstraite, voire inconnue, car le seul roi qu'ils connaissent et qu'il évoque ensemble n'est autre que le roi qui fut sacré par l'abat d'oiseau organisé par leur seigneur au lendemain de Pâques.
D'ailleurs on ne dit pas exactement le roi, mais plutôt le « ROY » prononcé « ROILLE » ou ROIE prononcé « ROUÉ », car on ne parle pas le français, mais le « françouais ». Le français, tel qu'on l'entend n'était parlé que dans le domaine royal de L'Orléanais, minuscule pays de France.
C'est par une ordonnance de Louis XI que, chaque année, les compagnies devaient désigner le meilleur de leurs archers. Après la Révolution, on maintint la coutume, mais non plus en le désignant, mais au cours d'un jeu d'adresse le lundi de Pâques. Il était alors le roi pour un an, devait la suprême police et recevait tous les honneurs dus à son rang.
De là aussi l'origine de quelques noms patronymiques, comme les « ROI », les « LEROY », ou encore « LE ROI ». Ils ont eu des ancêtres qui ont été vainqueurs de ce jeu d'adresse.
Aujourd'hui le titre est purement honorifique. Le roi au sein d'une compagnie prend le pas sur tous les

autres archers, officiers et chevaliers. Il tire partout avant eux. Tous lui doivent respect et déférence.

En cas de mort ; le roi n'est pas remplacé avant le tirage régulier de l'oiseau l'année qui suit.

« ROULEZ ! » :
Annonce faite par l'homme de garde qui a suspendu le tir pour vérifier la validité d'un coup et permettre la reprise du tir.

SALADE :
Casque, sans crête ni cimier portaient par les archers au Moyen Âge. (XVe)

SALUT AUX BUTTES :
« Archers, je vous salue »

— **Raisons anciennes** : Sécurité nécessitée de prévenir les autres archers que vous allez tirer.

— **Utilité sociale** : agrégation morale au groupe d'archers présents. Même seul, on doit le faire par sentiment du devoir et de dignité.

De manière plus symbolique, comme, dans la chevalerie d'Estoc (d'épée), c'est l'adversaire que l'on salue, exprimant ainsi qu'on se sent honoré et digne de combattre avec lui.

On précise ainsi que le respecte en tant qu'homme de valeur égale à la nôtre sans se sentir supérieur à lui. C'est étrange, direz-vous, car la cible n'est pas une personne vivante, certes, mais tout archer sait fort bien que son adversaire est en lui-même, donc son propre adversaire.

Salut du chevalier aux buttes : « ECCO HOMO », voilà l'homme.

SEL :
Le sel a joué un rôle de premier plan depuis l'antiquité. Il conserve les denrées, empêche la putréfaction.
Symbole de pureté et de droiture. Utilisé pour les sacrifices et partagé dans la communion au même titre que le pain et le vin ; Jésus appelait ses apôtres le « Sel de la terre » et la Bible fait allusion au « Sel de la sagesse » et au « Sel de l'alliance ».
Condiment essentiel à la nourriture, l'aliment du sel est évoqué dans la liturgie : sel de la sagesse, il est par là même le symbole de la nourriture spirituelle.
Le sel a aussi, consommé en commun, valeur d'une communion d'un lien de fraternité.
Combinaison et partant neutralisation de deux substances complémentaires, il est, outre leur produit final, formé de cristaux cubiques : c'est l'origine du symbolisme hermétique.
Le sel symbolise aussi l'incorruptibilité. C'est pourquoi l'alliance du sel désigne une alliance que l'on ne peut briser.
Consommé ensemble avec le pain, il signifie une amitié indestructible.

LES SERMENTS :
Association ainsi nommée en raison du serment exigé de chacun des membres lors de l'admission. La formule du serment, partout, identique est consignée par des statuts. Alliance, fidélité à une parole donnée au sein d'un groupe qui prend une puissance surnaturelle à témoin de sa sincérité. Ce terme désigne en Flandre, Hainaut, Belgique dès 1384, mais aussi Paris 1359, Lagny 1367 ou encore

Valencienne 1470, ce que nous appelons plus couramment confrérie.

SILENCE :
Annonce ou inscription réclamant le silence sous les buttes, comme dans tous lieux saints.

SOBRIQUETS :
Jadis, on prend un certain plaisir à dénommer les gens ou groupes par des sobriquets, c'est-à-dire un surnom qui caractérise, ironise, ou désigne tout simplement.
L'origine de ces surnoms est très diverse, voire parfois obscure, pour le tout à chacun ; car il s'inscrit profondément dans l'histoire locale. C'est parfois un jeu de mots, ou une spécialité ; par exemple à Ham dit les « Les Sots » dû à une très ancienne coutume permettant d'avoir une compagnie de fou ou de sots ; au Moyen Âge des associations de joyeux compères qui, certain jour de l'année (les jours gras), amusaient leurs compatriotes par leurs blagues ; leurs « Soties » (Sottises).

SORTANT :
Archer quittant un peloton à la fin de son tir.

SOCIÉTÉS :
L'homme, au Moyen Âge, ne vit jamais seul, mais à travers un et même plusieurs groupes.
L'hostilité de la nature, de la vie et l'insécurité ambiante ont poussé l'homme à éviter l'isolement. Quel qu'il soit, l'homme médiéval vit au sein d'un groupe ; d'abord au niveau du pays dans l'un des trois ordres de la société : Les « **Oratores** » : ceux qui prient,
Les « **Laboratores** », ceux qui travaillent,
Les « **Bellatores** », ceux qui combattent.

Puis à l'intérieur de son ordre à celui d'un métier, une communauté. Chacun a une place bien à soi. Et cette place lui vaut de porter des vêtements et/ou des insignes visibles qui marquent bien cette appartenance.

À cela s'ajoute le fait que les liens d'homme à homme prévalent aussi à cette époque, tout homme était lié à un autre : par exemple, le « Bachelier » (nom donné à l'aspirant chevalier ou Damoiseau s'il est orphelin et non pourvu de fief) à son parrain qui l'instruit et l'adoubera. Ces liens créent de fortes solidarités au sein du groupe et le soudent.

Aussi, dans chaque ville, de quelque importance, les édiles favorisent la création de compagnies spéciales qui avaient une organisation indépendante de celle de la milice.

Ces sociétés militaires d'archers et d'arbalétriers, outre le rôle de défense de la cité, avaient trois principales fonctions :

1) De maintenir l'ordre en cas de troubles, assure la sécurité publique et garder les remparts,

2) De participer aux parades et rehausser l'éclat des cérémonies officielles, notamment comme escorte d'honneur de la municipalité, revues de protocole qui se multiplièrent dans le courant du XIVe siècle et début du XV XVe c'est-à-dire au moment de la grande lutte contre l'occupant anglais (guerre de Cent Ans.1337-1453).

3) Remplir différentes missions de confiance, comme prêter main-forte aux officiers royaux et municipaux, recouvrement de taxes, garde de scellés, etc. Ces corps constitués sont au service de la paroisse et du foyer « Pro Aris et Focis », et non à celui du roi. En contrepartie, les compagnies bénéficieront de privilèges : exemption de taille (impôt royal) ; gabelles et autres taxes, ainsi que l'exemption du guet qui s'applique aussi aux facteurs d'arc, comme nous le précise le livre des métiers d'Étienne Boileau :

« *Nus archiers de paris ne doit point de gueit ; quar li mestier l'acquite, quar le mestier est pour servir chevaliers et escuiers et sergents, et est pour garnir chatiaus* »

sauf toutefois ; l'arrière-ban, réparation des fortifications de la ville, et la rançon du roi.

Ce qui est remarquable dans la création de ces sociétés de défense, c'est qu'elles sortirent spontanément de l'initiative privée. Le pouvoir royal à l'origine n'y fut pour rien. C'est à leurs frais qu'ils s'organisèrent dans un premier temps militairement, mais le coût élevé de cet entretien les poussait à demander l'appui des municipalités. Celles-ci se gardèrent bien, ne pas accorder suite à ces demandes. Ces corps d'élite, disciplinés et familiarisés aux armes de trait étaient trop précieux à l'heure du danger. Ces sociétés recevaient divers privilèges en échange de leur aide ou de l'entraînement qui, par leurs statuts, les obligeaient à s'exercer au tir dans des terrains clos auxquels on donnait le nom de « Jardins » jouxtant les « Hôtels d'arc » qui étaient le siège des sociétés jusqu'à la Révolution française. Il y en a de très anciennes, comme celle de Bretagne ; la compagnie du Papeguay de Nantes, qui reçoit ses lettres du Duc en 1407, ou encore celle de Bruxelles, le Serment de Notre-Dame qui reçoit ses statuts en 1213.

En Angleterre et en Écosse, les compagnies prennent le nom de « Society ». Comme on peut le constater, nos compagnies d'arc sont un peu tout cela à la fois ; compagnie par le côté militaire, Confrérie par le côté religieux, car, même si l'emprise religieuse est moins forte que jadis du fait de la séparation de l'Église et de l'état en 1905, nous sommes toujours sous la protection d'un saint patron : saint Sébastien, Serment par le côté fidélité à un serment, Guilde, enfin, par le côté entraide entre ses membres.

Ce qui est encore plus surprenant, c'est qu'en Angleterre, alors que, depuis le IXe siècle, l'arc occupe dans l'armement anglais, dans la légende et les arts de ce pays une place jamais vu chez aucune autre nation d'Europe, aucunes des sociétés comme nos compagnies n'y subsistent sauf une, à ma connaissance qui fut créée le 15 novembre 1785 : « La société des Woodmen of Arden » dont le gardien de la flamme est Ian Finch-Knightley, XIe Comte d'Aylesford et VIIe « Worden », chef héréditaire de la Société qui est située dans les Midlands.

SOURCIL :
Les sourcils sont comparés dans la poésie iranienne, tantôt à un arc qui décoche les flèches, tantôt à un arc du temple de la vision.

Les mouvements des sourcils symbolisent les approches de la déclaration d'amour, le lancement des flèches et les préludes de l'union.

TAMBOUR :
Représente le bruit que l'on fait dans Jérusalem quand on a crucifié le Christ.

TENUE BLANCHE :
La tenue blanche que l'on porte marque notre appartenance à la voie que l'on a délibérément choisie. En affichant la couleur, nous affirmons nos convictions profondes avec fierté. Elle représente la compagnie et honneur ou déshonneur rejaillit sur toute la compagnie.

TOURNOIS :
Le tournoi peut être considéré comme un sport. Un sport d'équipe, car la joute à cheval bien connue de tous n'existe pas avant le XIVe siècle. Le tournoi en fait n'oppose pas deux individus, mais deux ou plusieurs équipes d'hommes en armes, certains à cheval, d'autres à pied. C'est un simulacre de guerre, une mêlée tumultueuse où l'on se bat par petits groupes en faisant l'usage de signes de reconnaissance.

Ce sport est également un sport d'argent. Il existe de vrais « professionnels » qui se louent à qui les paient le plus. Certains se spécialisent à des combats particuliers. À chaque fin de saison ; on assiste à ce que nous appelions aujourd'hui des « transferts ». Sport d'argent où les chevaliers peuvent trouver la fortune et la gloire, mais aussi la mort, car la pratique est extrêmement dangereuse. Les blessés et les morts y sont beaucoup plus nombreux qu'à la guerre. L'utilisation des armes dites de « courtoisie », c'est-à-dire aux pointes et tranchants émoussés, ou tout en bois, ne s'imposera que très lentement.

Malgré cette violence, les tournois sont des événements joyeux. À part une interruption, durant le Carême où l'on en profite pour se préparer (matériel et engagement de champions), on en organise tous les 15 jours de février à novembre.

Ils ont lieu, non pas comme on le pense dans les « lices », mais en rase campagne. Il ne s'improvise pas, le seigneur qui l'organise doit plusieurs semaines à l'avance en faire « crier » les jours et lieux dans toute la région. Il doit prévoir le logement, la nourriture des participants et de leurs accompagnateurs. Préparer les tribunes pour les spectateurs, les tentes, les écuries. Il doit aussi prévoir les divertissements et réjouissances et la restauration rapide (cela existe déjà) pour le public. Le tournoi dure généralement 3 jours en moyenne. Au soir du dernier jour, on remettra au chevalier qui s'est montré le plus honorable et le plus courtois une récompense symbolique (1 chien ou foulard de soie). Le véritable gain étant l'argent que l'on pourra tirer des rançons et de la revente du matériel des prisonniers.

TRONC :
Tirelire destinée à recueillir les amendes versées à l'appel du censeur ou pour les dons des archers.
Comme dans les églises, on fait don en rémission de sa faute.

TROIS OISEAUX EN FOURCHE :
Jésus entre les deux larrons.

VIDER LES MAINS (se) :
Expression utilisée quand un peloton décide d'interrompre momentanément son tir en cours de partie. L'arrêt ne peut toutefois intervenir qu'après que chacun a tiré sa flèche sur la butte d'Attaque. Les arcs sont déposés sous la butte maîtresse jusqu'à la reprise du tir.

VIGNE :
La vigne est un important symbole, notamment en ce qu'elle produit le vin qui est l'image de la connaissance. La sève qui monte dans la vigne est la lumière de l'esprit. La vigne est considérée comme un arbre cosmique puisqu'elle enveloppe les cieux et que les grains de raisin sont les étoiles.

VIN :
Associé au sang tant par la couleur que par son caractère d'essence de plante ; il est en conséquence le breuvage de vie ou d'immortalité. Symbole de la connaissance, mais aussi de l'initiation en raison de l'ivresse qu'il provoque.
Il se rapporte traditionnellement à la vie contemplative.

L'archerie d'aujourd'hui a gardé tous ses symboles qui n'ont, rien perdus de leurs valeurs.
Et dans cette période qui semble, propice à vouloir les faire disparaître, ils verront paradoxalement une chance de se renforcer davantage.
L'archerie est une « vieille Dame » qui a connu bien d'autres vicissitudes, et garde, en paraphrasant un vieux dit-on : « Bonne main, bon œil ».
Le don de la poignée de l'arc est le signe extérieur de l'initiation du disciple. C'est avec le secret de la tenue de l'arc en main qu'apparaît la signification métaphysique de l'arc. Mais dire que cela n'est révélé le « secret » que dans sa forme la plus simple.

LE SPORT.

Comme je vous l'ai dit, dès 1797, la compagnie de Fontainebleau reprend corps. Et c'est à partir de cette date, que le tir à l'arc devient un jeu. Je devrais même dire redevient un jeu.

Selon les sources historiques, le tir à l'arc était déjà pratiqué comme un sport dès l'Antiquité. La première invention mécanique complexe de l'homme fut l'arc et la flèche, considérés par les anciens comme un art semblable à la musique ou à la peinture. La mythologie grecque regorge de références aux dieux de l'Olympe et aux héros qui ont marqué l'histoire par leur habileté au tir à l'arc. Artémis, déesse de la chasse, et son frère Apollon, dieu de la lumière et des arts, possédaient tous deux un arc et un carquois comme attributs. Héraclès (Hercule), guidé par le Scythe Teutoros, apprit l'art de manier l'arc. Il parfait sa maîtrise auprès de Radamanthe.
Si les flèches les plus redoutables sont celles de Cupidon, celles de Diane, d'Apollon, d'Ulysse ou encore d'Hercule ont causé bien des morts.
L'arc est une invention ancienne. Selon Robert HARDY, il était utilisé dans toutes les régions du monde, de l'Asie à l'Amérique, fabriqué en bois ou en corne, selon les ressources locales. Les fouilles archéologiques ont révélé l'existence d'arcs en bois dès le 40e millénaire avant notre ère.

Au fil des âges et des cultures, les techniques de tir à l'arc sont restées relativement constantes. L'arc a d'abord été créé pour la chasse, mais son utilisation s'est rapidement tournée vers des fins militaires. L'arc est une arme redoutable qui peut percer n'importe quelle armure grâce à sa puissance et à sa précision.

Depuis, cet engin a été perfectionné jusqu'à devenir le magnifique instrument de sport que nous connaissons aujourd'hui.

L'Argonaute Pœas, père de Philoctète, reçut l'arc et les flèches d'Héraclès en héritage et les offrit à son fils, un habile archer et chef des troupes thessaliennes. Ces armes contribuèrent à la victoire des Grecs à Troie.

Quant à lui, Achille organisait des tournois de tir à l'arc, notamment, en l'honneur de son ami défunt, Patrocle, qui fut tué sous les remparts de Troie. Après bien des péripéties, Ulysse retourna à Ithaque et participa au fameux concours de tir à l'arc. Il dut affronter les prétendants de Pénélope, comme le relatent les chants homériques de l'Iliade et de l'Odyssée, les premiers écrits connus de l'Antiquité. Pandaros, Paris, Teucros et Ulysse sont restés célèbres pour leur habileté au tir à l'arc.

Au temps de l'Empire byzantin, Bélisaire, un général byzantin sous le règne de l'empereur Justinien, se distingua par ses talents exceptionnels en tir à l'arc. Il créa une unité de cavalerie lourdement armée mais mobile, où les cavaliers maniaient également l'arc (« cataphractes »).

Par la suite, lorsque l'arc fut supplanté par les armes à feu, le tir à l'arc devint une discipline exclusivement sportive.

La première compétition de tir à l'arc enregistrée fut organisée à Finsbury (Royaume-Uni) en 1583 et réunit 3 000 archers.

De nombreux souverains britanniques se sont adonnés au tir à l'arc dans le passé, et parmi eux, la reine Victoria et le roi Éric VIII. Ce dernier organisait des tournois et a même fondé en 1537 le premier club de tir à l'arc, la Confrérie de St George. Les premiers affrontements internationaux ont eu lieu entre les Français et les Anglais en 1900, lorsque ce sport a été introduit aux Jeux olympiques de Paris. Il est resté au programme jusqu'en 1920, sauf pendant les Jeux de Stockholm en 1912.

Pendant ces olympiades, chaque athlète avait le droit de participer à plus d'une épreuve et pouvait remporter plusieurs médailles.

L'archer belge Hubert Van Innis est l'athlète olympique ayant remporté le plus grand nombre de médailles d'or (16) et d'argent (3), grâce à ses performances en tir à l'arc et dans d'autres sports.

L'Arc est présent à travers les siècles et partout dans le monde comme une arme incontournable de l'infanterie.

Ainsi, à Rome, l'armée comptait de nombreuses compagnies d'archers. L'une d'entre elles était commandée par un officier narbonnais, un certain Sébastien.

Cela se déroule aux alentours de l'an 280, sous le règne de l'empereur Dioclétien.

Après s'être converti au christianisme, Sébastien fut contraint de renier sa foi. Il s'opposa et fut condamné à être transpercé par les flèches de ses propres archers.

Ils l'ont bombardé de flèches, s'assurant de ne pas toucher les zones vitales de leur chef. Abandonné pour mort, il fut secouru par Irène, la veuve d'un autre héros chrétien nommé saint Catulle. Après sa guérison, il se dirigea vers l'itinéraire habituel de l'empereur pour lui reprocher sa compréhension de la tolérance religieuse. Dioclétien se mit en colère et, pour le faire taire, il le fit exécuter.

Cet évènement eut lieu le 20 janvier 290.

C'est pourquoi le 20 janvier a été choisi comme date commémorative de la fête de saint Sébastien.

Une Romaine, chrétienne, trouva le corps et l'enterrera dans les Catacombes, sur la Via Appia. Six cents ans plus tard, un évêque de Soissons fit le vœu d'amener les reliques de Saint-Sébastien dans son diocèse.

Pour ce faire, il arma les archers de la Compagnie de Soisson de Chevaliers et leur confia cette délicate mission.

Période de XVIᵉ au XVIIIᵉ siècle.

Le roi Henri VIII d'Angleterre pendant une compétition de tir à l'arc vers 1520.

En Angleterre, bien que de nombreuses ordonnances royales aient été émises pour le maintenir en usage, l'arc a fini par être supplanté par le mousquet.

L'invention des armes à feu a finalement rendu obsolètes les arcs de guerre. Initialement, les armes à feu étaient nettement inférieures en termes de cadence de tir et étaient très sensibles à l'humidité. Cependant, elles avaient une portée plus longue et étaient tactiquement supérieures dans les situations de tir où les soldats étaient protégés. Elles demandent également moins de formation pour être maniées efficacement, et il n'est pas nécessaire de développer une musculature spécifique pour percer une armure en acier. Ainsi, les troupes équipées d'armes à feu peuvent déployer une puissance de feu accrue, reléguant au rang d'anachronisme les tireurs d'élite expérimentés.

La dernière référence à l'utilisation de l'arc dans une bataille anglaise semble être lors d'une escarmouche à Bridgnorth, en octobre 1642, pendant la guerre civile anglaise. L'archerie est restée en vogue dans certaines régions sujettes à une limitation sur la possession d'armes, telle que l'Écosse pendant la répression qui a suivi le déclin du Jacobitisme, ainsi que les Cherokees après la Piste des Larmes. Le Shogunat Tokugawa a sévèrement limité l'import et la manufacture d'armes à feu, et a encouragé les talents martiaux traditionnels des samouraïs.

Époque après le 19e siècle.

En période de guerre, la mort la plus récente attribuée à l'arc par une troupe régulière a été probablement en 1940, pendant la retraite de

Dunkirk, lorsqu'un champion de tir à l'arc, Jack Churchill, qui avait apporté son arc au service actif « eut le plaisir de voir sa flèche frapper l'Allemand du centre à la gauche de la poitrine et pénétrer son corps ». L'arc aurait également fait des victimes au cours de certains conflits africains au 21e siècle.

La compagnie royale des archers, une unité de cérémonie de la reine Élisabeth II devant le château d'Édimbourg en 2006.

À partir du XIXe siècle, en dehors de ces quelques exemples, l'archerie traditionnelle est utilisée pour les loisirs et la chasse dans plusieurs régions, bien après son abandon à la guerre. En Turquie, vers 1820, Mahmoud II a encouragé cette utilisation, mais l'art de la construction des arcs composites disparut vers la fin du siècle. Le reste du Proche-Orient a également perdu la tradition du tir à l'arc à la même période. En Corée, la transformation de l'entraînement militaire en loisir a été initiée par l'empereur Kojong, et est devenue la base du sport moderne. Pendant ce temps, les Japonais continueront à fabriquer et utiliser leur traditionnel yumi.

Parmi les Cherokees et les Anglais, l'utilisation de l'arc droit n'a jamais totalement disparu.

Archer sur une carte postale chinoise, vers 1900

En Chine, l'archerie est restée en vogue jusqu'à la révolution culturelle, où elle a été supprimée. Depuis, les facteurs d'arcs traditionnels travaillent de nouveau. L'archerie montée continue d'être pratiquée dans quelques pays d'Asie, mais n'est pas utilisée en compétitions internationales. De nos jours, en Hongrie, l'archerie montée fait l'objet de compétitions. L'archerie est le sport national du Royaume du Bhoutan.

Le tir à l'arc traditionnel de nos jours.

Après la guerre de Sécession, deux vétérans confédérés, William et Maurice Thompson, font renaître l'archerie en Amérique.

William Thompson en 1907

Les deux frères et Thomas Williams (un ancien esclave) vivaient dans le nature dans le marais d'Okefenokee en Géorgie.

Comme soldats confédérés, ils n'avaient pas le droit de posséder des armes à feu. Ils devaient donc trouver d'autres moyens pour subvenir à leurs besoins.

Thomas Williams avait quelques connaissances sur le tir à l'arc anglais, notamment avec un arc droit, mais on ne sait pas comment il les avait acquises. Il les partagea plus tard avec Maurice et Will. Plus tard, Maurice écrivit un livre intitulé « The Witchery of Archery », qui est devenu un best-seller. En 1879, la *National Archery Association* fut créée. Cependant, l'intérêt du public commença à diminuer. Tout changea lorsque Ishi cessa de se cacher en Californie en 1911, Ishi était le dernier de la tribu des Yahi. Il a vécu les cinq dernières années de sa vie au Musée d'anthropologie de Berkeley, à l'université de Californie. Son médecin, Saxton Pope, enseignait la chirurgie à la faculté de médecine. Le Dr Pope était fasciné par Ishi et sa culture, en particulier par l'archerie.

Ishi a transmis au Dr Pope sa culture, comment fabriquer les outils tels que les Yahi les faisaient, et comment chasser à l'aide d'un arc et de flèches. Par la suite, Arthur Young, un enthousiaste, se joignit au groupe.

Ishi, atteint de tuberculose, mourut en 1916. Le Dr Pope et M. Young ne perdirent pas leur intérêt pour l'archerie. Ils ont essayé de prouver qu'elle pouvait servir à chasser le gros gibier. Ils ont chassé en Alaska et en Afrique et ont tué plusieurs gros animaux [25].

De cette manière, le Dr Pope et M. Young ont démontré à la société occidentale l'efficacité de l'archerie, autant sur le petit que sur le gros gibier. Le public a ainsi conservé son intérêt pour l'archerie. La plupart des techniques enseignées par Ishi au Dr Pope sont encore utilisées aujourd'hui par les archers traditionnels.
Le Pope and Young Club, fondé en 1961, est l'une des principales organisations qui promeuvent la chasse à l'arc.
La chasse à l'arc est maintenant redevenue populaire au Canada et en France, où elle est encadrée par des décrets.

Le tir à l'arc contemporain.

Au début des années 1920, les ingénieurs ont pris un intérêt pour l'archerie, qui était auparavant réservée aux artisans de l'arc traditionnel.
Ceci a conduit à la commercialisation de nouvelles formes d'arcs, incluant les arcs classiques modernes et les arcs à poulies. Ces arcs sont devenus dominants dans l'archerie occidentale.
Organisation du tir à l'arc
Vers 1850, les compagnies se regroupent en famille. Par la suite, en France, les compagnies prendront le statut d'associations loi de 1901.
Le tir à l'arc a fait partie des Jeux olympiques de 1900, 1904, 1908 et 1920.
En 1931, la première organisation internationale voit le jour à Lwow en Pologne, où la France, la République tchèque, la Suède, la Hongrie, l'Italie, la

Pologne et les États-Unis créent la Fédération internationale de tir à l'arc (FITA), à laquelle adhèrent aujourd'hui 140 pays.

Un des objectifs de la FITA est de faire réintroduire le tir à l'arc aux Jeux olympiques. Cet objectif sera atteint en 1972.

La FITA est représentée en France par la FFTA (Fédération française de tir à l'arc), en Belgique par la Fédération Belge de tir à l'arc, au Canada par la Fédération Canadienne des Archers, en Suisse par l'Association Suisse de tir à l'arc (ASTA-SBV, désormais SwissArchery).

En 1970, l'IFAA (International Field Archery Association) voit le jour aux États-Unis. Son objectif est de favoriser le tir sportif en extérieur, tout en conservant l'esprit de la chasse. En France, cette discipline est encadrée par la Fédération française de tir libre (FFTL), en Suisse, par l'Association suisse de tir en plein air (FAAS), et au Canada, par la Fédération canadienne des archers (FCA).

Le tir à l'arc et les Jeux olympiques.

Le tir à l'arc a fait sa première apparition lors des Jeux olympiques d'été de 1900. Absent du programme de 1924 à 1968, le tir à l'arc a été réintroduit à l'occasion des Jeux olympiques d'été de 1972 à Munich.

Les épreuves de tir à l'arc ont été disputées lors de seize éditions des Jeux olympiques. Quatre-vingtdouze nations ont déjà pris part à l'épreuve, la France apparaissant le plus souvent avec quatorze fois. Depuis 1972, cette épreuve se déroule sous l'égide de la World Archery Federation (anciennement FITA). Seul l'arc classique est disputé aux Jeux olympiques.

Le tir à l'arbalète perdit une occasion de reconnaissance par le CIO après le concours d'arbalète de l'exposition universelle de 1900 (remporté par le français Chambroy).

Historique :
De 1900 à 1920.

Pendant cette période, aucune fédération internationale n'existe pour réglementer la pratique du tir à l'arc. Le choix des épreuves est laissé à l'initiative du pays organisateur, et celles-ci sont généralement représentatives des compétitions disputées localement. Un compétiteur pouvait s'inscrire à plusieurs épreuves.

Le tir à l'arc a fait sa première apparition lors des Jeux olympiques d'été de 1900 à Paris. Six épreuves furent disputées à l'occasion [1].

Les Jeux suivants se déroulent à Saint-Louis en 1904. Six épreuves sont disputées, mais aucun athlète non américain n'y participe. Par contre, il y a deux épreuves féminines individuelles, une épreuve masculine par équipes et une épreuve féminine par équipes. En 1908, à Londres, il y a eu trois épreuves, dont une à la distance de 50 m, organisée pour les archers français et belges, et une épreuve féminine, mais pas d'épreuve par équipes.

Le tir à l'arc n'a pas été disputé en 1912, mais est réapparu en 1920 à Anvers, avec dix épreuves (dont cinq par équipes), mais aucune épreuve féminine.

Durant ces quatre Jeux olympiques, seules cinq nations ont participé à l'épreuve de tir à l'arc : l'Angleterre, la Belgique, les États-Unis, la France et les Pays-Bas. Chaque jeu a vu la participation de trois nations au plus.

Entre 1920 et 1972.

Le tir à l'arc n'a pas été disputé aux Jeux olympiques.

Depuis 1972.

Le 4 septembre 1931 à Lwow en Pologne, la France, la Tchécoslovaquie, la Suède, la Pologne, les États-Unis, la Hongrie, et l'Italie fondent la Fédération internationale de tir à l'arc (FITA), devenue en 2011 la World Archery Federation (WA). Le but de l'organisation est de créer des championnats de tir à l'arc réguliers et d'obtenir que le tir à l'arc redevienne discipline olympique. Cet objectif est atteint, lors des Jeux olympiques d'été de 1972, à Munich. Lors de cette édition, le tir à l'arc ne comporte qu'une seule épreuve masculine et une féminine sous la forme d'un tir « double FITA ». En 1988, les compétitions par équipes sont ajoutées aux deux compétitions individuelles. Depuis 1992, le format utilisé est le tir olympique de qualification, suivi de duels.

La Corée du Sud participe aux Jeux de 1972, mais ne remporte aucune médaille. Elle est absente des pas de tir jusqu'en 1984, où elle remporte la médaille d'or en individuel féminin.

Depuis 1988 à Séoul, année de l'introduction du tir par équipes, les Coréennes ont remporté l'intégralité des médailles d'or par équipes, et il n'y a qu'en 2008 à Pékin, où la médaille d'or en individuel leur a échappé au bénéfice de la Chine.

Les hommes sont champions olympiques par équipes en 1988 ainsi que depuis 2000, et en individuel avec Oh Jyn-Hyek à Londres en 2012.

Description des épreuves.

Le tir à l'arc olympique moderne est composé de cinq épreuves : Hommes individuels, femmes individuelles, hommes par équipes, femmes par équipes et équipes mixtes. Pour ces cinq épreuves, la distance de l'archer à la cible est de 70 mètres.

Épreuve individuelle.

Dans les épreuves individuelles, 64 archers participent. La compétition débute avec le tir de qualification qui consiste à tirer 72 flèches (en deux séries de six volées de six flèches). Le classement obtenu détermine la place de l'archer dans le tableau des finales.

*

À travers les yeux de…
Au cœur de la cible.

Le soleil frappait fort sur le pas de tir du Championnat de France, quelque part en Provence. Des tentes blanches abritaient les archers, les carquois colorés alignés comme des étendards. Sur la ligne de tir, silence tendu.
Les flèches fusaient à rythme régulier, frappant les blasons tricolores à 70 mètres. C'était la finale des juniors.
Clément, 17 ans, arc en main, attendait son tour. Dans son dos, son entraîneuse murmurait des mots simples :

— Respire. Centre. Lâche propre.

Devant lui, les cibles anglaises semblaient flotter dans l'air chaud. Il avait enchaîné les 10, mais son rival, un archer des Hauts-de-France au tir impeccable, le talonnait à un point.
Clément banda son arc.
Sa dernière volée. Trois flèches.
Tout pouvait basculer.
Il décocha la première, parfaite.
La deuxième, un neuf qui le laissait en tête.
La troisième… sa main trembla, une seconde.
La flèche partit, effleurant le bleu.

Mais au même instant, un léger vacarme s'éleva près des tribunes.
Une panne de sono.
Le bruit fit sursauter plusieurs archers, et la flèche de son rival toucha le sept.
Contestation, discussion des arbitres.
Après relecture vidéo, il fut décidé que le tir serait rejoué.
Clément resta stoïque.
 Il tira à nouveau.
Trois dix.
Le titre était à lui.
Mais plus que la médaille, il retiendrait ce calme intérieur trouvé entre deux battements de cœur, entre tension et envol.
Le tir à l'arc, se dit-il, n'était pas qu'un sport.
C'est un art de vivre, un combat contre soi-même.

L'arc à poulies.

Le tir à l'arc à poulies est une discipline qui a connu une évolution remarquable au fil des décennies pour devenir l'une des formes les plus précises et les plus puissantes du tir à l'arc moderne.

Au milieu des années 1960, Holless Wilbur Allen s'inspire de l'arc, cet outil resté relativement inchangé depuis environ 7000 ans, pour le transformer en un outil plus puissant et plus précis. Grâce à ces modifications, l'arc est désormais capable de propulser des flèches à une vitesse plus élevée avec moins d'effort de la part de l'archer.
C'est ce que l'on appelle l'arc à poulies ou compound.

L'arc à poulies a été développé en 1966 par Holless Wilbur Allen dans le Missouri, et a obtenu un brevet aux États-Unis en 1969. Depuis, il est devenu l'arc le plus populaire dans ce pays.

Holless Wilbur Allen cherchait à concevoir un arc qui minimiserait l'effort requis pour maintenir la corde tendue, tout en améliorant la précision et la force des tirs. Ce type d'arc utilise un système de poulies et de câbles pour atteindre cet objectif, permettant aux archers de tenir l'arc en tension plus longtemps sans se fatiguer.

Qui a eu l'idée originale d'un système de multiplication pour renforcer la puissance d'un arc ? Cette information restera probablement inconnue.

Il est évident que l'utilisation d'un treuil avait déjà été envisagée. Cependant, pour un résultat plutôt médiocre, l'arc nécessitait une extension d'au moins un mètre !

Claude J. Lapp, physicien à l'université d'Iowa (États-Unis), faisait des recherches sur l'efficacité et le rendement des arcs. C'est lui qui a eu la première idée d'utiliser un palan avec des poulies excentriques, c'est-à-dire dont l'axe de rotation n'est pas au centre.

En 1938, il conçoit et fait fabriquer un prototype équipé de quatre poulies. Deux sont fixées à des étriers placés en haut des branches, et deux sont installées à l'intérieur de celles-ci. Il découvre que cette configuration fonctionne, à condition de diminuer la taille de l'arc pour éviter une tension excessive.

Cependant, il abandonne son invention, convaincu que son aspect est tellement disgracieux qu'aucun archer n'en voudra.

Il a fallu attendre 1960 pour que Holless W. Allen, un autre Américain, relance l'idée. En tant que chasseur, il s'intéressait beaucoup à l'augmentation de la force de propulsion ainsi qu'à la diminution de la taille de l'arme. C'est au cours de ces tests qu'il a découvert un autre avantage, celui de la baisse de puissance à pleine détente, qui permet de garder le viseur sur la cible.

En 1964, il parfait son concept et entame sa recherche d'un partenaire industriel. Ce n'est qu'en 1967 que Thomas Jennings, un artisan spécialisé dans la confection d'arcs, accepte de produire l'arc à poulies sous licence Allen.

Jennings continue à améliorer cette invention en développant l'arc à double poulie en 1971, suivi du Dynabo, une sorte de proto-arc à poulie unique, en 1972.

Très vite, tous les producteurs d'arcs emboîtent le pas, certains adoptant directement l'idée, tandis que d'autres s'engagent dans leur propre voie, explorant de nouvelles avenues.

C'est en 1973 que Martin crée le Kam-Act, un arc à deux branches supplémentaires équipées de cames.

En 1980, Oneida met au point l'Eagle, un arc à branches pivotantes retenues par des cordes et des poulies fixées dans la poignée.

Il n'y aura plus de véritable révolution technique avant 1992, année où Tom Jennings, toujours lui, lancera la commercialisation du premier arc monocâble, breveté par Matthews McPherson (arc à une seule poulie de travail sur la branche inférieure, la poulie de la branche supérieure n'étant qu'une simple roue de renvoi).

McPherson, qui propose depuis 1997 sous sa marque Matthews une conception novatrice, l'architecture parallèle (branches très courtes pratiquement horizontales), est le même McPherson.

CLASSIQUES CONTRE MODERNES.

Au début de sa pratique du tir à l'arc sur cible, le « compound » n'était pas vraiment accueilli avec enthousiasme. Il ne correspondait pas à la définition traditionnelle de l'arc, qui est une arme tendue par une corde fixée aux extrémités.

De plus, son utilisation semble plus proche de celle de l'arbalète que de l'arc. De toute façon, c'est un instrument pour personnes handicapées ou âgées !

Bien entendu, la Fédération américaine (NAA), première concernée, n'a pas voulu le prendre en considération, pas plus que les archers professionnels (PAA). Seule la NFAA, une fédération dédiée au tir de chasse et au tir « field », a accepté cette nouvelle discipline en 1969 en créant une division « unlimited ».

C'est également cette fédération qui a été la première à autoriser l'utilisation de décocheurs, d'abord sous leur forme la plus simple (sans pièces mobiles), puis, en 1972, des décocheurs mécaniques.

Il faudra attendre l'année 1983 pour que les compétitions de la PAA incluent le « compound ».

La FITA est encore plus réfractaire, puisqu'elle ne reconnaît l'existence de ce nouveau type d'arc que cette année-là, mais ne lui ouvre pas ses championnats.

Ce n'est qu'en 1990 que les archers « poulies » pourront se disputer des titres mondiaux en « campagne », et en « salle » en 1991.

En s'entêtant sur une définition spécifique du sport, la FITA a décidé, en 1993, de diviser par deux la superficie des cibles de 10 et de 5 pour les arcs à poulies. Elle justifie cette décision par deux raisons : tout d'abord, elle cherche à imposer un désavantage aux arcs à poulies, ce qui permettrait de rendre leurs scores comparables à ceux des arcs classiques.

Deuxièmement, elle souhaite empêcher les scores parfaits, considérés comme non améliorables.
Bien sûr, dès décembre 1993, Kirk Ethridge (É.-U.) réussit le score parfait de 300/300 à 25 mètres !
La discipline royale, le tir « olympique », n'ouvrira ses portes aux arcs à poulies qu'aux championnats du monde de 1995, qui seront disputés à Djakarta.
Il est agréable de noter qu'Angela Moscarelli, âgée de seulement 13 ans, est la toute première championne du monde en arc classique. De plus, deux des médaillés d'or français, Carreau et Randall, ne sont autres que des juniors. Enfin, le dernier membre de cette équipe, Gérard Douis, est un ancien joueur de rugby, dont la mobilité semble être relativement préservée.

Il ne reste plus qu'à attendre l'issue de la procédure d'admission aux Jeux olympiques pour que la reconnaissance soit enfin totale !

L'utilisation d'arcs à poulies
À l'origine, la chasse.

Les chasseurs apprécient énormément l'arc à poulies pour sa précision et sa puissance. Il permet de tirer des flèches avec une force de pénétration supérieure, augmentant ainsi les chances d'un tir mortel et éthique.
Grâce à son système de poulies, cet arc permet de tirer à des distances plus longues, ce qui est un

avantage considérable lors de la chasse au grand gibier.

Pendant longtemps, il a été rejeté par les adeptes intransigeants de l'archerie traditionnelle, mais il s'est finalement frayé un chemin dans les tournois de tir à l'arc.

Ceci en raison de sa conception, l'arc à poulies est extrêmement précis, ce qui le rend idéal pour les compétitions de tir sur cible, tant en salle qu'en extérieur.

Les arcs à poulies modernes sont équipés de technologies avancées, comme les viseurs réglables, des stabilisateurs et des systèmes de déclenchement qui permettent aux archers de personnaliser leur équipement selon leurs besoins.

Non reconnu comme arme de compétition, la World Archery demande d'intégrer la discipline du tir à l'arc en salle pour les athlètes poulies aux jeux Olympiques de LA28, idéalement en réutilisant le site de compétition d'un autre sport, en plus des cinq épreuves actuellement au programme pour les archers classiques.

La proposition s'appuyait sur la force du tir à l'arc en salle aux États-Unis et sur la croissance mondiale de la division poulies.

Lors des compétitions internationales de tir à l'arc, le tir à l'arc traditionnel et le tir à l'arc à poulies sont traités sur un pied d'égalité en termes de nombre de médailles et de bourses offertes, que ce soit lors des championnats du monde de tir à l'arc ou de la Coupe du monde Hyundai de tir à l'arc. Les récents Jeux asiatiques ont été les premiers à proposer un programme complet de cinq épreuves de tir à l'arc à poulies, au même titre que le programme de tir à l'arc classique.

Les arcs à poulies sont les plus populaires aux États-Unis, où on estime à 20 millions le nombre de personnes qui pratiquent ce sport chaque année. Ils ont été inventés dans les années 1960.

On compte plusieurs séries nationales très populaires, dans lesquelles participent des milliers d'athlètes, et dont les récompenses sont particulièrement généreuses. Le championnat open à poulies, ouvert aux deux sexes, est l'épreuve principale du Vegas Shoot, le plus grand tournoi annuel de tir à l'arc au monde, qui rassemble chaque année plus de 4000 archers professionnels et amateurs.
En 2023, cette innovation majeure dans le monde de l'archerie a été refusée.
Cette année, grâce à l'influence du Comité international olympique, elle a finalement été approuvée.

L'arc à poulie fera donc ses débuts aux Jeux olympiques de Los Angeles en 2028, avec un tournoi en double mixte.